바람이 지우고 남은 것들

몽골에서 보낸 어제

바람이 지우고 남은 것들

김형수 지음

자음과모음

차례

프롤로그 / 6
시 「야생의 기억」

첫 발자국 : 저 낮은 곳에 새들이 날고 있다 / 14
시 「내가 잡은 메뚜기를 날려 보낸 여자에게」

풍문 : 무엇이 세계인가 / 40
시 「겨울 막북」

영감 : 바람의 사전 / 58
시 「나그네 새」

순례 : 자연 속에 내장된 상형문자들을 찾아서   / 84
시 「차바퀴에 부서지는 별빛」

창작노트 :『조드』를 쓰기까지   / 152
시 「팔백 개의 고원」

좌담 :『조드』가 남긴 것   / 194
시 「자무카의 노래」

에필로그   / 240
시 「내 머리통 속에서」

야생의 기억

여행은 끝났다
고원에는 인적이 없고
썩은 동물의 사체들만 뒹굴었다
대자연에게 살해된,
깡마른
시간의 가죽옷 한 벌

대지에 숨은 바람의 노래여
사막에 뿌려진 새의 울음이여
한때는 검은 비구름을 뚫던
날개 꺾인 육신의, 뼈 위에
피 위에
연기처럼 섞이는 풀들의 숨소리여

나는 끝내 지우지 못했다
무수한 별빛이 발끝에 떨어져
대낮 속에 부서지고 부서져도
손바닥에 남는 마지막 이끼처럼,
햇살에 긁히는 초라한 지성을
시간은 우우 파도처럼 쓸려가고
나그네들이 일제히 쫓기는 소리

모래에 찍힌 발자국 몇 개는
일몰이 지나가도 지워지지 않았다

프롤로그

1

인간은 존재 어딘가에 자신이 아직 닿지 못한 장소를 남겨두고 있다. 그 미지의 장소에는 한 번도 실체를 본 적이 없는 각자의 영혼이 살며 '영감'이라 부름직한, 인간에게 신비한 능력을 주는 정신적 유성流星이 흘러 다닌다. 여행이란 어쩌면 그곳을 찾아가는 일인지 모른다.

여행을 잘하는 유일한 길은 자연과의 신체적 접촉을 넓히는 데 있다. 최선은 오직 며칠이고 걸어서 저 드넓은 대지를 관통하는 수고를 지불하는 것이다. 육신이 낯선 곳으로 떠날수록 정신은 더욱 자아의 깊은 곳으로 돌아온다. 옛날부터 길이 현자들을 끌고 다닌 이유가 여기에 있다.

십수 년 전 몽골 여행이 나에게는 그런 순례의 기념비적인 것 중 하나였다. 초원에서는 누구나 막막한 지평선의 한 점을 벗어날 수 없다. 섭씨 40도의 무더위 속을 기습해온 소나기도 한겨울의 추위가 무색하게 춥다. 그 가파른 자연의 변덕 앞에서 재산이 많다거나 지식이 높다거나 용모가 곱다거나 하는 것은 아무런 쓸모도 없다. 흔히 뽐내는 개인마다 소지한 사회적, 문명적 무장이 그곳에서는 먹혀들 만한 자리를 찾지 못한다. 광활한 대지는 질주 본능을 충동질하나 육체는 미약하고 공간은 크다. 우리는 오직 유한한 존재의 숙명을 확인하고 고개를 숙일 뿐이다.

돌이켜보면 그 체험은 내게 언젠가 사흘 동안 내리 뱃멀미에 시달리며 남지나해南支那海*의 수평선이 끝나기를 기다리던 때보다 훨씬 큰 무서움을 주었다. 그때 몸서리치면서 멀고 먼 초원에서 겪은 생리적인 소일을 참는 불편과 여러 날의 불면을 사다리처럼 딛고 올라간 끝에 내가 비로소 자아의 은밀한 장소에 다다른 사실을 깨달았다. 그 때문이었을 것이다. 전에 못 봤던 많은 것을 보았다. 여행을 떠나기 전에 힘들어했던 갈등의 세계는 끝도 없이 광활한 초원의 지평선에 비하면 한없이 작고 부질없는 것들이었다. 열쇠 구멍만 한 세상 속에 들어 있는 '존재의 미천함'이 그렇게 뼈아플 수 없었다.

지금도 나는 가끔 삶에 지치거나 마음이 아플 때 시야를 가로막는 문명의 축조물이 완벽하게 지워진 장소에서 저 홀로 허둥대는 인간을

* 중국 남동쪽에 있는 태평양으로 통하는 바다.

상상하면서 내가 이웃들과 주고받은 상처를 달래곤 한다. 막막한 고원에 서면 누구나 생텍쥐페리의 『어린 왕자』 같은 한 마리 외로운 짐승이 된다. 고독에 눈뜨고 사랑할 대상과 친구를 찾으며 '흔들림 없는 영혼'을 필요로 하는 것이다. 그때도 동행인 대부분 초면이고 쉽게 대하기 어려운 이들이었으며 장엄한 초원이 한없이 짓누르는 상황이었지만 틈만 나면 서로를 고함쳐 불렀다. 괜히 큰소리로 말하는 것도 다들 보호받고 싶은 어린아이의 심정에 쫓겼기 때문일 것이다.

2

나는 초원에 서면 '자연 속에 내장된 상형문자'들을 통해 존재의 진실과 안정에 대한 이야기를 듣는다. 그것은 "왜 목성에 별이 부딪혀 깨어지는지./별은 왜 어둠 속에서 빛을 발하는지./대지는 왜 우리의 썩은 육신을 원하는지./닫힌 문들은 왜 열리지 않으면 안 되는지./무더운 여름날 플라타너스가 서 있는 길가 하늘은 왜 가득 비어 있는지." 너를 깨닫게 하는 과정인지 모른다. 그래서 존재의 본체가 흔들리는 것을 어찌지 못한다.

그러나 가야 하리라 서로 다른 각도에서 빛이 쏟아져 내리지 않을 때까지, 매일 매일이 종말은 아니야. 전등을 향해, 온몸으로, 더 가까이,

죽어 하늘에 닿듯이 더 가까이, 홑겹의 날개를 불에 지지며 균형을 향해 온몸이 날아간다. 멈추어지지 않는 날개여. 너는 세계의 비밀 그 시작이고 끝이다.(……)

　아아 아무리 다가가도 일정치 않은 사랑의 각도여, 사랑은 균형인가. 불을 향해 길 떠나는 긴 그림자여. 목숨보다 먼저 우리를 끌어당기는 저 아득한 불빛들의 속삭임, 불빛 속으로 까맣게 날아드는 날개들의 아름다운 산화.

- 이영진, 「하루살이」

　슬픈 일이다. 하루살이가 불 속으로 뛰어드는 것은 열정 때문이 아니란다. 분산돼 떨어지는 빛의 각도가 자꾸만 몸을 바로 세우지 못하게 하기 때문에 하루살이는 보다 크고 안정된 빛을 향해서 목숨이 소멸될 때까지 빛에게로 다가간다. 그래서 이 시인은 존재에 균형감을 주는 것이 '사랑'이라고 말한다. 언제나, 어디에서나 '사랑'의 빛을 얻지 못하면 인간의 영혼은 흔들리고 그 흔들림은 바로 서기 위하여 혼신의 힘으로 소멸의 길을 질주하는 수밖에 없다. 어찌 그것이 몸의 불균형뿐일까? 어찌 그것이 영혼의 불균형은 아니라고 말할 수 있을까?

　인간의 생애도 크게 보면 모두 막무가내의 질주며 어떤 불균형 때문에 생겨난 저항의 궤적이다. 무슨 일인가에 미친 사람의 저변에는 그러지 않고서는 치유될 수 없는 영혼의 흔들림이 있다. 그 불안한 흔들림이 가져다 준 불균형과의 싸움, 만일 그것을 생이라 부른다면 내게도 그곳에서 오는 어떤 '맺힘'이 있었을 것이다.

3

오늘날 대지의 동화를 듣는 것은 생태론자들뿐이다. 그들은 지상 모든 생체 조직들을 타고 흐르는 여러 가지 화학적, 광합성적 에너지 흐름을 분석하며 존재의 서사를 찾아낸다. 식물, 동물, 구름, 햇빛 등이 어우러져 오랜 시간을 통해 작용하는 양상을 관찰하다 보면 지구상의 삶과 죽음의 그물이 생명체의 조직을 타고 계속된 변화와 적응을 이어가는 자생적 역학이 보일 것이다. 그러나 아무도 그 모든 현상이 어디를 향하고 있는지 말하려 하지 않는다. 영원한 것은 없다. 똑같은 이유로 영원히 소멸되는 것 또한 없다. 그래서 세계는 나타나는 것과 사라지는 것, 보이는 것과 보이지 않는 것, 소멸과 생성 양쪽의 무한을 향해 열려 있다. 그 열림은 가장 야성적인 생명이 존재하는 곳을 비춰서 한 번 스쳐 가는 데 80년이 걸리는 존재의 그림자들에게 그것이 머물고 가는 짧은 세월을 구원한다.

내가 잡은 메뚜기를 날려 보낸 여자에게

낮에 참새에게 먹힌 메뚜기의 혼이 밤에 독수리의 이마에 뜬다

살아 있는 것들의 숨소리로 가득 찬 신령스러운 두려움이여

하늘로 난 창을 가진 유목민 집에 옛날에 잃어버린 발자국들이 한없이 온다

이내 목소리는 이미 지운 대낮 속에 있다

언어가 다른 눈빛 홍수를 얼마나 헤엄쳤는지 젖은 몸이 마르지 않는구나

내일은 아직 사람이 살지 않는 곳, 또 건널 것이다

16세 소녀의 뼈로 만든 피리 속을 빠져나온 바람 소리

메뚜기처럼 참새처럼 독수리처럼 사슬에 얽힌

세계는 슬프고 운명은 항상 찰나의 계곡을 아슬아슬 통과한다

첫 발자국:
저 낮은 곳에 새들이 날고 있다

초원 하나

인간은 가끔 예기치 못한 장소에서 마술의 융단폭격을 받는다. 내가 그것을 모르고 마흔한 살을 먹은 것은 아니다. 그런데도 나는 그날 고스란히 폭파당했다. 실로 방어할 길이 없는 '초원의 빛'의 습격이었다.

나의 여명기에 이미 그런 일이 있었다. 학교라곤 아직 문턱도 못 봤을 때 형과 함께 동네 이발소에 갔다. 그리고 어른들 앞에서 시골 장터에서 자라는 아이답게 성냥갑 같은 상표에서 한두 자 익힌 솜씨로 난생처음 문장 하나를 완독했다. "여기 적힌 이 먹빛이 희미해질수록/당신의 기억 또한 희미해진다면……." 그때 내가 "초원의 빛이여 꽃의 영광이여!"가 무슨 말인 줄 알았으랴. 하지만 어른이 되어 만나게 될 미래의 '지상地上'을 그렇게 상상해두었던 건 사실이다. 그 액자 속의 그림처럼 산다는 것은 광활한 대지 위에 한없이 작아지는 발자국을 남기며 보이지 않는 지점까지 걸어간다는 것. 그 꿈속 같은, 그 환각 같은 심연 속의 장소를 내가 실로 34년 만에 몽골에서 목도했다.

한 차례 소나기가 지나간 후 동화처럼 치솟은 쌍무지개 아래로 일가족 일곱 명이 말을 타고 멀어져 끝내 몇 점의 먹빛이 되는데 태어나서 그렇게 성이로운 세계를 본 적이 없었다. 지상이 너웅히 하늘의 최대치 면적을 온전히 다 차지하고 있는 20센티미터의 풀포기들이 장엄했다고 말하는 것은 과장이 아니다. 나는 그것을 놓치고 싶지 않아서 발걸음을 뗄 때마다 사진을 찍어두고 장소를 기록했다. 비를 몰아오는 구름장 밑에서 초원은 숨을 곳이라곤 없어서 모든 생명체로 하여금 존재의 지난함을 자연에 맡겨둔 채 견디게 하는 것 같았다. 산봉우리도, 돌멩이도, 둔덕도 없었다. 눈에 보이는 흔적은 이동하는 물체가 최근에 지나간 자국일 뿐 길이 정해진 건 아니었다. 자동차도 야생동물들 속에 뒤섞여 아무 곳으로나 가고 싶은 방향으로 달리면 됐다. 그 막막한 공간, 눈에는 보이지만 발길이 쉬이 닿을 수 없는 광야는 끝없는 질주의 욕망으로 가슴을 끓게 했다. 그런 곳의 대기를 폐부로 빨아들여 심장의 펌프질을 가속화한다는 것. 희열이기보다 차라리 슬픔이었다.

오, 이 가슴 아픈 회한이여! 사람들이 이렇게도 살 수 있는 것을 우리는 왜 잊고 두려워한다는 말인가. 나는 느닷없이 내가 살아온 곳을

후회했다. 서울은 하나의 우주가 아니라 물고기가 빼곡한 '문명의 어항 속' 같은 곳. 크기가 한정된 투명 그릇 안에서 조금만 움직여도 몸을 부딪는 중생들끼리 애정이 깊으면 얼마나 깊을 것인가? 그립지 않아도 만나야 되고 모이 하나가 던져지면 거기 모여든 이웃들의 경계심 어린 눈빛들 속에서 경쟁력을 키워야 된다. 그리고 보이지 않는 보호자, 문명의 조정력에 의해 모든 것은 파악되고 통제된다. 어느 외진 골목 안에서 일어나는 일까지 어김없이 들춰내는 9시 뉴스로부터 빗어날 수 있는 사람은 없다. 그 물샐틈없는 정보망, 휴대전화와 호출기와 택시의 무선 송출기와 그리고 각종 전자파들. 그 속에서 우리는 발 한 번 뗄 때마다 짜증을 느꼈던 이웃 중 하나를 골라 사랑을 약속하고 또 내면의 본질을 밑바닥까지 읽어버린 가슴들끼리 만나 불확실한 미래를 의탁한다. 존재의 신비도, 세상의 경이驚異도, 운명의 굴곡도 '전혀 깊지 않은 강'이 된 마당에 세상이 스스로 존엄할 길은 없다.

바로 그곳에서 지구 어딘가에 이 지엄한 세상이 있다는 걸 안다면 얼마나 좋을까? 인간의 힘으로는 쉽게 망가뜨릴 수 없는 하늘과 바람, 그리고 땅! 나무 한 그루 없는 녹지와 여인의 알몸처럼 부드러운 대지의 곡선들, 그 유혹적인 지구의 누드 위에서 말들이 달리고 바로 머리 위를 솔개들이 난다. 발밑에서 메뚜기가 튀어오를 때마다 비염에 시달려온 코를 감동하게 하는 초원의 진한 쑥 향기가 고여 있다가 흩어진다. 그 침묵과 약동으로 가득 찬 우주의 일각에서 나는 말똥 냄새를 풍기며 양고기를 익히는 연기를 만나면 주저 없이 엎드려 절을 하리라.

광야에 하나뿐인 민가를 스쳐가며 수인사修人事도 없이 헤어지고 만다면 그것은 이미 장소를 잃어버린 유년의 간이역처럼, 아니 생애에 한 번뿐인 숙명의 사랑처럼 오래오래 기억되어 나를 갈증나게 할 테니까.

초원 둘

몽골인들은 그날을 100번째 나담축제가 열린 날로 기억할 것이다. 아니 일본의 오부치 총리가 방문한 날로 기억할지도 모른다. 하지만 내게는 결코 그런 식으로 남지 못할 것이다. 1999년 7월 11일. 우리는 고원의 황혼을 지나 꼬박 사흘 밤 사흘 낮을 잠적해버렸다. 세계를 하나로 만들고 말았다는 인터넷, 성냥갑만 한 기계 안에 문명의 능력을 압축해놓았다는 스마트폰도, 하다못해 베트남 수상 가옥에서도 가능한 TV 전파까지도 우리가 가는 곳을 쫓아오지 못했다. 지상의 모든 질서로부터 그리고 그것들 속에서 이루어지는 각종 행사와 기념비적인 사건들로부터 완전히 잊힌 존재가 된 것이다. 서울로 엽서라도 한 장 띄웠으면 좋았을 것을. 그러나 어떻게 설명한단 말인가? 세상에는 우체부가 활동할 수 없는 나라도 있었다. 카메라가 있었지만 잡히는 것은 모두 바늘구멍으로 들여다본 세상처럼 불완전한 풍경뿐이었다. 그래서 더욱 기를 쓰고 유리창에 고개를 처박았는지 모른다.

기종이 JU 2024라고 했다. 러시아에서 태어난 방년 11세짜리 헬리

콥터를 타고 우리는 동몽골 전역이라 부르는, 반경 1000킬로미터의 대평원 위를 방랑했는데 잠시도 졸지 못했다. 물경 여섯 시간 동안 지평선 하나와 대결하던 시간도 있었다. 끝없이 평평한 초원과 호수 그리고 이동 중인 소 떼, 이상한 비행 물체에 놀라 혼비백산 흩어지는 수만 마리의 노루 떼, 실로 완벽한 평원이었다. 강물이 가로질러 꿰매진 흔적도, 숲이나 나무의 옷자락으로 가려진 곳도 없었다. 오직 계절과 기후와 자연의 변덕만이 머물다 갈 뿐인 저 광활한 햇빛들의 그라운드 위를, 가고 또 가면 민가가 나오고 그런 곳 어딘가에 고향이 있으리라는 사실도 믿어지지 않았다.

그리하여 완강한 대지를 견딜 수 없어서였다고 말해도 좋고 육신의 미천함이 뼈아파시였다고 해도 좋다. 헬기에서 뛰어내리고 싶어서 머리를 디밀었지만, 아서라! 저 낮은 곳에서 나는 새들의 그 따뜻한 등덜미를 보는 순간, 인간의 영장적 기질이 되살아나 우스꽝스럽게 돼버리고 말았다. 뛰어내려도 혹시 안 다칠지 모른다는 생각이 완료되기도 전에 '그런데 높은 곳에서 뛰어내리고 싶은 것도 인간의 잠재의식에 대한 만유인력의 지배일까?' 하는 의문부터 떠올리는 참을 수 없는 이성에 대한 집착, 분석과 추리와 판단을 통해 인과율의 고리를 찾아내지 못하면 잠시도 평정을 찾지 못하는 영혼의 불균형을 깨달은 것이다.

나는 그런 결박을 풀어버리려 애썼다. 내 몸에 마음을 맡기자. 유목의 땅에서 모든 인간은 이방인일 수밖에 없다는 것, 이동하는 목숨들은 나그네요 주인은 오직 대지일 뿐이라는 것, 그래서 그곳의 일들(자연의

질서)을 거역해서는 안 된다는 사실을 받아들이고 싶었던 것이다. 몽골인들은 그랬다. 해마다 무서운 봄바람이 불어 사람이나 가축을 말아 올려 죽여도 그들 의식 속에 저항의 흔적은 보이지 않았다.

첫날 중국과 러시아의 국경이 있는 할힌골솜의 보이르호수에 닿기까지 우리는 모두 네 차례 쉬었는데 그때마다 나는 수천 년을 이어온 초원의 고독을 보았다. 어떤 곳에서는 위엄에 찬 뿔을 가진 동물의 두개골이 자연분해의 마지막 단계에 접어들고 있었다. 과연 존재하는 모든 것의 마지막 동작은 '흩어짐'인가? 야생동물 하나가 비바람의 처분대로 풍화되고 해체되어 대기 속에 사라지는 것이 그렇게 처연할 수 없었다. 만일 헬기가 내려놓고 가버린 후 세월이 더도 말고 5년만 흐른다면 나도 그러한 '토템'이 되어 초원의 빛에 덮여 뒹굴게 될 것이다. 그때 이슬 속에 뜨는 별의 신화와 그 속에 지는 달의 신화를 나의 정령들은 노래할 것이다.

그런 생각이 내게 불안한 머리의 명령을 떠날 수 있게 해주었는지 모른다. 살갗이 살아 숨 쉬는 것 같았고 무언가 수런대는 자연의 말뜻을 전해 듣지는 못해도 그것의 은유를 알 것만 같았다. 풀꽃 위를 떠다니는 바람의 음악도, 땅바닥을 더듬어 별빛을 읽어내는 벌레의 촉수에 사는 시도, 한 자리에서 무한히 피고 지고 나고 죽고를 반복하는 생물의 저 기나긴 여정에 깃들어 있는 존재의 신화도.

초원 셋

초원은 인간을 외롭게 만드는 곳이었다. 바다에서 표류하는 조난자의 마음처럼 모든 것을 애태워 그립게 하는 곳. 그래서 다들 지독한 고독의 냄새를 풍기는지 몰랐다.

한곳에 서 있으면 어디선가 유유히 사람이 나타나고는 했다. 말을 타고 질주하다가도 인적이 포착되면 말머리를 돌려 찾아오나고 했다. 겉웃음을 보이는 건 위선이라 하여 처음에는 반가움도 내색하지 않지만 마음만 맞으면 의형제를 맺으려 들고 취하면 금방 문명이 몰아내버린 저 20세기 이전의 어휘들 '충성' '신의' '용사' 따위를 들먹인다고 했다. 그랬다. 그들의 언어는 지식과 외교력의 연금술로 닦여 있지 않았다. 그들의 친화력은 저 영악한 상품거래 사회의 전략과 전술로 무장돼 있지 않았다. 하늘을 외경하고 벼락을 두려워하는 사람들, 성스러운 것(운명)을 깨끗한 것(과학)보다 중시하는 사람들, 모든 행위의 동기를 손익계산이 아니라 길상吉祥과 불길不吉에 두는 사람들. 그들 속에 있으면 전라도 장터에서 순정을 배운 내 인생의 여명기가 돌아올 것 같았다.

그래서 더욱 입맛이 썼다. 전날 어느 분이 테렐지(울란바타르에서 가까운 휴양지)의 바위산을 보고 이쪽을 깎아내고 조금만 다듬으면 퍽 쓸 만한 휴양지가 되겠다며 "산 이름이 뭐죠?" 하자 산이 듣는 데서 신성한 이름을 입에 올리면 안 된다고 했을 때 느꼈던 차이! 한 번은 저녁에 양을 사려고 했다. 도축할 때 가슴에 칼자국을 내어 손으로 심장을 뽑고 관절을 해체시킨다는 몽골인들의 야성野性에 홀려 보챘던 것이다. 그러나 주인은 완곡히 거절했다. 궂은 날 하늘 길도 어두운데 가족(양)을 보낼 수는 없다고, 또 양을 죽이는 동작도 심장을 뽑는 것이 아니라 안락하게 죽도록 동맥을 끊어주는 행위며 관절을 해체하는 것도 동물의 뼈에 칼을 대는 '야만'을 저지르지 않기 위한 것이라고 했다.

그리고 그러한 태도는 인간을 대할 때 극치를 보였다. 유목민의 사회에는 거지가 없었다. 모든 나그네는 귀빈 대우를 받았다. 누가 한 번 다녀가고 나면 언제 또 사람을 만날지 기약이 없기 때문에 어느 곳의 풀이 좋고 물이 많으며 다른 소식은 더 없는지 묻고는 정성껏 숙식을 제공한다. 그 가난 속에서 아직도 징기스칸 시대의 주식이었다는 야생 타르박(토끼보다 조금 큰 설치류)을 사냥해 13세기식 삶을 연명하면서도 자기 구역에 들어온 사람의 안녕은 반드시 지켜낸다.

아직도 세상 어딘가에 그런 인간들이 있다는 사실이 그렇게 황송할 수 없었다. 그러나 위안 받아도 되는가? 그들의 역사가 얼마를 더 갈지 아무도 장담할 수 없었다. 이 장중한 대지의 운명을 버리고 그들이 저 유혹에 찬 사이버 공간으로 잠적해버리는 때가 몇 년 후에 올지 우리는 모른다. 그 탓이었다고 해두자. 어쩌면 지상의 마지막 유목민이 될지도 모르는 눈동자 두 개를 나는 진정으로 가슴을 열고 받아들였다.

사랑하는 아내여! 당신은 이 풍경을 믿을 것인가?

때는 아침이었다. 호수에서 내가 머리를 감는 동안 먼 지평선에서 말 두 필이 나타났다. 이웃집에서 손님(우리)을 보러 놀러오는 것이라고 했는데 앞사람은 아저씨였고 뒷사람은, 맙소사! 걸음마나 뗴었을까 싶은 예쁜 여자아이였다. 같이 온 아저씨가 네 살짜리라고 소개하자 누가 내 귀에 속삭였다.

"말이 세 발 자전거 같죠?"

마치 성숙한 여인 같아 차마 이 여자아이 볼에 입을 맞출 수 없었다. 만일 전쟁이 일어나면 연락병 정도는 능히 할 것 같은 위용에 찬 인간 하나. 아무리 말과 함께 산다지만 핏덩이 하나를 이토록 빨리 대지의 주역으로 길러내는 사회가 있다는 것이 나는 믿어지지 않아서 그 아이의 등 뒤로 무지개처럼 피어오르는 조원의 일생을 끝없이 상상했다.

온몸은 늘 적막 속에 있으리라. 바람과 가축을 제외하고는 어떤 움직임의 소리도 들을 수 없어서 귀는 언제나 비어 있고 눈은 항시 지평선으로 열려 풀잎 위를 밟고 가는 바람의 발자국이 몇 개인지 판별하리라. 그리고 저녁이면 귀를 땅에 대고 먼 곳에서 돌아오는 가족들의 발굽 소리를 들으면서 얼굴 가득 안심하는 표정을 짓고는 지상에서의 하루를 감사하리라. 아, 그 막막무제漠漠無際의 초원에서 네 살 난 그녀가 말 위에 앉아 아스라이 멀어지는 노을 끝을 응시하면 누가 감히 구도자가 아니라고 말할 수 있단 말인가.

초원 넷

그 어떤 인생에도 '마음의 유배지'는 있다. 나는 그곳을 열 살 때 체험했다. 우리 일가족, 할머니와 부모님 그리고 육 남매가 제각각 여섯 개 장소로 흩어져서 살 때였다. 나는 할머니와 형과 함께 외딴 마을에서 셋방살이를 했는데 형은 중학교 입시 때문에 밤늦게 귀가하고 나는 외롭게 저물어가는 할머니를 지켰다. 내가 밥을 지을 때도 있었고 할머니가 온종일 눈을 뜨지 않아서 돌아가시지나 않았는지 확인할 때도 있었지만 중요한 것은 그것이 아니다. 태어나서 딱 한 번 반장이 됐는데 두 달을 못 넘기고 반납하고 말았다.

그때 보았던 어둠 속의 세계, 감잎 뒤에 몸을 감춘 미자르별이며 짐승처럼 낮게 웅크린 산 그리고 그곳에서 전해오던 대지의 심장이 박동치는 소리……. 지금은 우리 가족 누구도 그때의 이야기를 꺼내지 않는다. 그것은 오직 내게만 영원한, 채워도 채워지지 않는 사랑과 슬픔의 밑 빠진 항아리일 뿐. 그러나 나는 그 때문에 깊어진 내면을 얻었다. 그것이 내게 준 '척도'에 비하면 그 후에 있었던 교육의 빛들은 지나칠 만큼 흔적을 남기지 못했다. 그래서 믿건대, 세계는 오직 인간의 경험 속에서 신성한 것. 그리고 이것은 내 말이 아니지만 "나는 인간 각자가 만물의 척도임을 잊지 않으려고 노력한다."(폴 발레리) 모든 존재는 밤하늘에 가득 찬 별빛들처럼 태어날 때부터 이미 우주의 심층에 뿌리박혀 있는 것! 나의 몽골 행은 대체로 그것이 확인되는 마음의 여로였다.

나는 곳곳에서 정지해 있는 동안에도 광야를 내달리는 것 같은 유목민을 보았다. 사진을 찍자고 곁에 서면 야생동물처럼 느껴지는 아이들을 만났으며 또한 셔터를 누르면 훌쩍 날아가버리는 새처럼 등 뒤에 바람을 달고 있는 아낙네들과 작별했다. 그리고 그들의 땅 위를 맴돌면서 들었는데 몇 개의 군郡에서는 구성원이 모자라 지역사회가 형성되지 않는다고 했다. 또 몇 개의 군에서는 그나마의 인적조차 없어서 그냥 인간 없는 대지로만 존재한다고 했다. 그리하여 그들이 추억 속에서 성스러워진 땅, 그들과 나누는 영혼의 우애 속에서 이웃이 된 짐승들, 그들의 운명 속에서 퇴화되거나 강화된 인간성의 부품들이 어디에 사용되는가를 묻고 또 물었다.

    그들도 우리처럼 이동의 의무로부터 면제받은 손으로 성聖과 속俗을 만들고 축제와 노동이 있는 역사를 만든다. 그것은 하나의 마술과 서커스처럼 유럽의 방랑자나 일본의 사업가들에게 경이감을 주지만 거기에 교양과 야만의 차이 같은 것은 없다. 문명과 미개의 차이는 더더욱 없다. 그것을 바로 나담축제가 증거하는데, 멀리 지평선 끝에서 점점이 나타난 경주마들이 순식간에 바람을 가를 때 "추— 추—" 외치며 말갈기를 내리치는 열한 살, 열두 살짜리들의 야성과 속도 그리고 전율과 경쟁 또 갈등…… 그 속에 사람살이의 깊이와 위대함이 있었고 초원의 시련이 경배하는 영광이 있었으며 인생사의 모든 두려움과 환희의 경계가 있었다. 4세마 경주에서 400마리 중 한 마리가 질주하다가 즉사했지만 아무도 통곡하지 않았다. 아마도 그들에게는 하늘의 뜻이리라. 과학의 지식보다 길흉吉凶의 전조前兆를 먼저 믿는 그들. 지상의 말보다 하늘의 언어를 먼저 듣는 그들. 그들은 쉽게 영웅성을 띠지만 인간과 자연의 조화를 깨뜨리는 법은 없다. 예컨대 날아가는 새를 떨어뜨린다는 신궁神弓도 동물의 몸에 고통스러운 상처를 주지 않기 위해 관자놀이가 아니면 쏘지 않는다. 어떻게 그것이 시가 아닐 수 있는가? 어떻게 그런 삶이 가히 초원의 예술이 아닐 수 있는가?

누군가가 그곳에 닿아 사치와 애교와 위선 없이 지상의 한 사람을 사랑하고 죽어가는 몽골 여인의 이야기를 듣는다면 환락과 풍요가 민망해질 것이다. 울란바타르에 있는 어느 사원에서 나는 사람의 뼈로 만든 피리를 보았는데 처음에 섬뜩했던 느낌이 사연을 듣자 감동으로 변했다. 아이를 낳다가 죽은 18세 소녀의 한을 달래기 위해 만들어진, 피리여! 오, 피리 소리가 되고 만 여인의 육신이여! 그녀의 흰 뼈가 지상에서 우는 것을 나는 미워하지 않으리라. 그녀가 사랑했던 초원의 모든 것이 연기처럼 사라지고 오직 광야를 횡단하는 구름의 그림자만 남을지라도 지상에는 반드시 듣는 귀가 있어 깊게 깊게 울어줄지니.

초원 다섯

예정에 없던 표류였을까? 나의 몽골행은 처음부터 기약을 갖지 못했다. 잠시도 마음을 놓을 수 없던 그 숱한 변수들. 영국 런던의 그리니치

천문대를 기준으로 해서 만든 시간과 공간에 대한 위경도상의 저 '불멸의 표준'은 처음부터 유용하지 않았다. 나침반이 있었지만 자꾸만 길을 잃었고 떠날 시간이 됐지만 떠나지 못했다.

거의 모든 일을 우리의 의지가 통제하지 못했다. 도우미들은 우리와 동행하기 전에 이미 우리보다 더 큰 무엇과의 동행에서 훈련된 질서를 따르고 있었다. 이를테면 유목민을 데리고 다니는 것은 계절이었다. 그들은 햇빛과 물과 풀의 양을 조절하는 초원의 권력, 계절을 따르기 위해서 동물의 번식기에는 사냥을 참았으며 계절이 가자는 대로 끌려 다니느라 이동에 불편한 모든 것, 예컨대 주식에 요긴한 울타리 안의 짐승들(닭이며 돼지 따위)을 버린 사람들이었다.

탈탈 털면 목덜미에서 땡볕이 털릴 것 같은 더위가 구름 한 장만 막아서면 순식간에 추위로 돌변하곤 했다. 한 번 에델바이스를 만나면 그것을 포착한 의식의 끈이 끊길 때까지 에델바이스의 세상이 계속됐다. 그런 환경에서 인간의 의지는 미약했다. 그 멀고 먼 노래의 길이 끝나도록 카페 하나, 정자 하나 없었다.

여정에서 내가 뼈가 시리도록 느낀 점이 있다면 그것은 인간의 의식이 신체에 감금되어 있다는 사실이었다. 모든 존재는 자연의 올가미에 매달려 있다. 실존은 오직 그 안에서 이루어진다. 그리하여 어떤 곳에서는 인간의 머리카락이 수천 년 동안 바닷바람과 햇살의 간섭을 받은 끝에 갈색이 됐고 어떤 곳에서는 숱한 왕조가 교체되어도 사라지지 않는 더위 때문에 인간의 몸집이 작고 야위게도 됐다. 그것은 동식물도 마찬가지여서 한국에서도, 독일에서도, 캄보디아에서도 쌀은 쌀이고 돼지는 돼지지만 한국의 것은 한국 산천을 닮고 독일의 것은 독일 자연을 닮는다. 몽골의 메뚜기는 몽골의 대지를 벗어난 그 어떤 곳에 내놓아도 이물질처럼 낯설어 보일 것이다. 그리고 그것을 절묘하게 반영이라도 하듯이 우리를 인간이라 부르게 하는 내용, 인간성이랄까 영혼이랄까 의식이랄까 하는 것들은 오직 신체 안에서 활동한다.

아마도 그 때문이었을 것이다. 울란바타르에서 테렐지를 거쳐 흴힌골솜의 보이르호수에 닿기까지 또 보이르호수에서 다시 다달솜과 빈데르솜을 거쳐 푸른호수에 닿기까지 유목민들과 우리 정착민의 접경에서 숱한 창조적 충돌이 발생하고는 했다. 예를 들어 우리가 김을 먹으면 그들은 얕잡아본다고 했다. 양에게 먹인다면 모를까 사람이 어떻게 그런 종잇장 같은 바다풀을 먹느냐는 것이었다. 그것은 우리도 그들에 대해서 마찬가지였다. 통역을 맡은 울란바타르대학 교수가 한국에 다녀간 적이 있는데 그렇게 무서운 곳에서 어떻게 사느냐기에 까닭을 물었더니 "주변이 온통 바다잖아요?"라고 했다. 딴은 자연의 힘으로 끝없이 몰아쳐오는 파도가 무서웠을 것이다. 그러나 그가 본 곳이 겨우 인천 앞바다임을 확인하는 순간 우리는 모두 폭소를 터뜨려버렸다. 인간의 삶은 결국 이 같은 것이다. 모든 종족은 그들에게 맞는 자질밖에는 갖지 못한다. 하지만 그 때문에 우리는 배우는 것이다.

초원에서 살다 보면 평균 시력이 5.0에 이른다는 그들의 눈을 빌려

나는 안경을 쓰고도 1.0 너머의 범위를 못 본 채 살아가는 존재에게 결여된 많은 것을 배웠다. 하늘!(초원에서 인간에게 충동을 유발하게 하는 것이 있다면 그것은 필시 땅이 아니라 하늘일 것이다. 침묵하는 대지를 견딜 수 없어서 갖은 변신을 다하는 구름들의 유혹.) 빛!(대기에 혼탁한 입자라고는 없어서 태양이 쏘아 보낸 그대로의 빛살이 내리꽂히는 자리마다 자연이 내뿜는 모든 원초성이 지상의 생명들 위에서 빛나고 있었다.) 그리고 소리! 벌이 우는 것처럼 웅— 하는 소리가 들리곤 했다. 그 모든 것에 소리가 묻어 있었나 보이르호수 위로 해가 떠오르는 소리, 천막 같은 지붕 위로 별똥이 떨어지는 소리, 별빛들이 쨍그랑 부딪치는 소리, 말馬과 사람이 주고받는 소리. 특히 충격을 준 것은 보이르호수의 동틀 녘이었다. 한 소녀가 물가에 나왔는데 아침노을 빛을 받아 붉어진 얼굴이 눈빛을 더욱 영롱하게 만들었다. 그리고 그 뒤쪽으로 멀리 말이 물을 먹는 실루엣을 확인하는 순간 내 귀에는 웅— 하고 지상이 움직이는 소리가 들렸다. 나는 그곳에서 끝내 지구가 도는 소리를 들은 것이다. 그것은 결국 내 안 어딘가에 있지만 지금은 내가 잃어버린 장소들에 속하는 것이었다. 그 영롱한 아름다운 과거들. 그러나 나는 현재와 미래를 희생한 대가로 과거를 찬미하고 싶지는 않았다. 인간의 비극은 그가 한때 어린애였다는 사실에 있다고 말한 사람이 있었던가? 나는 비극을 갖는 것을 회피하지 않을 것이다. 윤동주 시인의 마음을 사로잡았던 '바람에 스치는 별'들의 하늘도 우리에게 그 마지막 비밀을 드러낸 지 오래됐다. 그리고 인간의 발은 내가 초등학교 때 이미 달의 표면을 디뎌버렸다. 이제 내게 남은 것은 눈앞에 아직 모습을 드러내지 않은 것들을, 여전히 꿈꾸는 자유와 대상 없는 그리움들을 소멸하지 않는 것이다.

그런 생각이 내게 갑자기 돌아갈 길을 찾아주었다. 초원에 떠가는 구름들아, 꺾을 사람도 없는데 숨어서 핀 꽃들아, 말에서 내려 잠시 소변을 누고 가는 아낙네들아, 대상도 없이 타오르는 사랑아, 예기치 않은 놀라움들아. 신체 안에 구금된 나의 영혼을 잠시 탈옥하게 해준 그대들을 나는 지상에서 과연 두 번 만날 수 있을 것인가!

이제 험난한 여로를 마치고 나는 다시 '문명의 어항 속'으로 귀가할 것이다. 전자제품 안의 미세한 부품들처럼 제각각의 주파수에 맞추어 움직여야 하는 서울 사람들 속, 황급한 발길들로 범람하는 신도림역의 지하철 환승 계단과 와이셔츠의 난주만으로도 몽골의 산 하나는 거뜬히 쌓을 만한 상품들을 소비해내는 새벽 4시의 남대문시장을 절망하지 않고 지나다니리라. 그리고 혹시는 모른다. 명절 연휴가 시작되는 날 오후에 더는 오도 가도 못하고 도로 위에 붙박여 있어야만 하는 호남선과 경부선의 회덕 분기점에서 느닷없이 내가 해 뜨는 보이르 호수에서 들었던, 지구가 돌아가는 소리를 기억해낼지. 아, 그 일을 생각하면 인생은 다시 얼마나 아득하고 안타까워질 것인가.

겨울 막북漢北

눈 오는 날 깨어보면
하늘로 땅으로 분주한 햇살
사막은 어디 가고 말馬들만 있다
독수리도 눈밭에서 신발 끈을 고치는가
설원雪原은 볼에 붉은 빛이 번져 있다
바람도 여기 오면 이동 거리가 넓고 걸음이 빠르다
세수를 하지 않은 소녀의 얼굴
장난기와 수심이 마구 뒤글어댄, 땟자국에서 문득
어릴 때 이혼 싸움을 피해서 우리 집에 오곤 했던
친척 누나가 하던 말이 떠올랐다
너희 집은 단지 가난할 뿐이야 가난은 아무것도 아냐
오 누나도 차암, 어떻게 가난이 아무것도 아니란 말인가
달리고 달려도 벗어날 수 없는데……
어디에서 새들이 울었지만
귀에서 마음으로 오는 길을 잃어버렸나
하지만 추울수록 작은 생각은 씻겨가고
큰 생각은 더욱 선명해진다
아무도 듣지 않겠지만 나는 고독한 새소리로 울고 싶었다
너무도 부러웠으므로
이 나이에 새삼 가난이 준 마음을 잃을까 두려웠으므로
내 키가 더욱 낮아지는 것을
아는지 모르는지 소녀는 피식 웃을 뿐이다
도시로부터 아득히 멀고 너무나 추운,
처녀로 늙은 땅 한가운데를
나는 들떠서 헤매고 있다

풍문:
무엇이 세계인가

대지

세계는 너무 벅차다. 대지에는 나와 더불어 무한수의 중생이 있다. 알을 까고 나오고 자궁에서 태어나며 습지에서 탄생한 것들이 자라서 변형된 모습을 하기까지 혹자는 땅에서, 혹자는 물에서 또 혹자는 불에, 바람에, 꽃에 머문다. 세계는 광대무변의 점토 위에서 온갖 무기적이고 유기적인 것들의 광대한 연결이며 우리는 그 지체들이다. 그래서 강물이 흐르는 것처럼 또는 과객이 지나가는 것처럼 그 모든 물체들 위로 죽음과 소멸의 시간이 스쳐간다. 그런데도 대지는 얼마나 거대하고 고독한 동화를 쓰는가. 지상의 정원에는 꽃이 있을 뿐 아니라 별이 있고 자연적 화학물질들이 있으며 생명마다 자신의 위태로움을 이기려는 비수가 있다. 삶은 깊은 바다 속에서도 활발히 진행되고 얼어붙은 바위

벼랑에도 매달리며 섭씨 40도가 넘는 고비사막의 박토剝土에서도 끈질기게 유지된다. 그 많은 밤에 그리고 그 극단의 온도에 산다는 것은 팽팽한 긴장일 따름이다.

    인간이란 약한 존재다. 얼마나 약했으면 만물의 영장이라 하면서도 거대한 문명 속으로 숨어들고서 그것도 모자라 더욱 많은 문명을 갖기 위해 질주를 멈추지 못한단 말인가? 짐승들처럼 국가도 제도도 사회적 기반도 없이 대지에 홀로 서는 두려움을 건디지 못한단 말인가? 그 두려움은 우리에게 마치 어머니 같은 문화적 고향을 그리워하게 만든다. 눈앞의 세계를 사랑하고 해석하고 창조하는 능력을 공급받을 대지를 필요로 하게 쫒는 것이다. 그러나 우리에게는 도대체 지상의 어디에 그러한 대지가 있다는 말인가?

그들은 지상의 척도였다

한 시대의 미학적 준거 틀은 지배자의 용모라는 말이 있다. 이광수의 문체를 한글로 된 근대적 산문의 완성체라고 평하고 주요한의 시를 최초의 자유시라고 말할 때 그 기준으로 작동하는 준거 틀은 분명히 지배자의 용모다. 하지만 그것을 진리로 삼을 수는 없는 노릇이다. 가브리엘 가르시아 마르케스는 말한다.

우리 중남미의 거대한 현실이 문학도에게 제안하는 아주 심각한 문제 중 하나는 그런 현실에 적합한 단어가 부족하다는 것이다. 우리가 강에 대해 말할 때, 유럽 독자들은 기껏해야 2790킬로미터의 다뉴브 강을 상상하면서 이 강을 가장 길다고 생각한다. (……) 이런 이유로 우리의 현실의 크기를 설명하려면 새로운 단어 체계를 만들 필요성이 있다. 이런 필요성의 예는 수없이 많다. 금세기 초에 아마존 상류 지역을 돌아본 네덜란드의 탐험가 그라프는 5분 만에 계란을 삶을 수 있을 정도의 뜨거운 물이 흐르는 개울을 발견했다고 서술했으며 또한 큰 목소리로 말할 수 없는 지역도 보았는데 왜냐하면 그곳에서는 큰 소리로 말하면 억수같이 소나기가 내리기 때문이라고 했다.

— 가브리엘 가르시아 마르케스, 「문학과 현실에 관하여」 중에서

사실 백두산 천지 아래에도 '5분 만에 계란을 삶을 수 있을 정도의 뜨거운 물이 흐르는 개울'이 있으며 서울에도 『백년 동안의 고독』에서 나오는 것과 같은 '돼지꼬리의 사람'이 살고 있었다.

그러고 나서 얼마 후에 한 독자는 한국의 수도인 서울에서 돼지꼬리를 갖고 태어난 한 소녀의 사진을 오려서 보냈다. 내가 소설을 썼을 때 생각한 것과는 정반대로 서울의 그 소녀는 꼬리를 자르고도 살아남았던 것이다.

— 가브리엘 가르시아 마르케스, 「문학과 현실에 관하여」 중에서

그런데 우리는 왜 자신의 체험을 '지상의 척도'로 삼지 못하는 것일까? 나의 졸저 『문익환 평전』에서도 가장 이야기하고 싶었던 문제가 바로 그것이었다.

20세기가 저물 때까지 대부분의 한국인은 '영토의 지방성'을 이기지 못하고 있었다. 한국의 지식인들은 자신의 정신으로 세계를 투사하는 의식의 광학光學을 갖지 못했다. 그들에게 있어서 지상의 척도는 자신이 아니었다. 저 도도한 '중심'의 조종으로 소용돌이치는 문명의 급류에서 오직 낙오되지 않기 위하여 한국인들은 끝없이 '자아'를 버렸다. 지식인이 먼저 뉴욕과 도쿄를 복제했고 예술가가 나중까지 베를린과 파리를 탐닉했다. 비로 이 같은 페허, 사기의 원점을 포기하게 만드는 정신적 바이러스로부터 한국적 사고의 오리지널리티는 손상을 입는다. 그리고 그로부터 한국의 모든 자아사自我史는 세계사로부터 소외당한다.

나는 기억한다. 열 살 때 보았던 어둠 속의 세계. 하루는 동생과 둘이서 집을 보는데 청소하는 사이에 동생이 없어졌다. 날은 어둡고 갈 곳은 없었다. 찾다가 찾다가 뒤란 우물가 나무 밑에 있는 항아리 속을 들여다보았다. 아무리 보려고 해도 속이 보이지 않는 그 좁은 공간 속의 무한한 어둠. 소리치려 해봤지만 음성이 나오지 않았고 손을 넣기가 무서워서 고개를 디밀었더니 코끝에 물이 닿았다. 나는 허둥지둥 달

아나면서 나의 어둠이 빠져나온 수면에 북두칠성이 담기는 것을 곁눈질로 보았다.

뭔가 예측할 수 없는 것을 만났을 때 순간적으로 눈앞에 그것이 나타나곤 한다. 내용도 없고 뜻도 없는 그 하찮은 촌각寸刻의 편린 하나가 오래오래 내게서 척도로 쓰이고 있는 것이다. 그것은 내게 체험의 무거움을 가르쳤다. 체험된 모든 것은 다 그런 역할을 한다. 남에게는 아무것도 아닌 것이 자기에게는 너무도 중요해서 그것을 빼놓고는 도무지 인생을 말할 수 없는 장면들은 누구에게나 있다.

이 같은 방식으로 개인이 소지한 미학적 척도들의 한반도적 통합이 근대 미학에 부응한다고 말하기는 어렵다. 가령 "이렇게 좋은 날에 내 님이 오신다년 얼마나 좋을까?"의 환희와 "연분홍 치마가 봄바람에 휘날리더라"는 회한을 유럽인들이 알 턱 없다. 그 때문에 그 통합인 김소월의 시 「진달래꽃」은 유럽적 근대 미학의 권능에 밀려 '미숙한 신파'로 전락해버렸다.

자신의 정체성에 대한 고민은 누구나 하게 되어 있다. 물이 바뀌면 배탈이 나고 음식이 달라지면 체형이 변한다. 그리고 기존 정체성은 몸이나 정신에서 그 변화의 양이 늘어난 만큼 농도가 묽어지며 묽어진 만큼의 보충을 필요로 한다. 가장 정직한 정체성은 인문학적인 것이 아니라 생물학적인 것이다.

'나'라는 달팽이의 껍질에 대하여

우리의 시에서 문화적 정체성의 문제가 출현하기 시작한 것은 세계 시장 경제 체제 이후의 일이다. 마종기의 시 「차고 뜨겁고 어두운 것」은 이렇게 노래한다.

> 나는 예과 시절에 식물학을 좋아했다. 크고 작은 꽃과 나무와 풀잎의 이름을 많이 외우고 있었고 식물채집과 표본은 언제나 학년에서 으뜸이었고 위안이었다. 30년이 더 지난 요즈음, 나는 그 풀잎이나 꽃의 이름을 거의 다 잊고 말았다. (……) 신경 쓰지 않아도 되는 자유로움 때문에 미국을 선택한 나는, 자유를 얻은 대가로 내 언어의 생명과 마음의 빛과 안정의 땅을 다 잃어버렸다. —내게도 안정의 땅과 마음의 빛이 있었을까.

우리에게 '안정의 땅과 마음의 빛'을 주는 것을 무엇이라 불러야 하는가? 나의 존재적 본질은 무엇인가? 내 영혼은 궁극적으로 무엇이 낳은 자식인가? 우리 문학의 핵심은 아직도 여전히 이것이어야 옳은지 모른다. '나'라는 '자아'의 달팽이 껍질이 '국경'의 크기와 동일하지 않다는 데 문화적 곤혹과 딜레마가 있다. 지금 우리가 알고 있는 '국가'란 근대 속의 격동기 200년이 만들어놓은 한 쪼가리의 정치 공동체일 뿐 국경의 크기와 대지의 크기가 동일하지 않다는 것은 한국인의 인문 지리가 자연 지리를 이탈해 있다는 사실을 증명한다. 그래서 물어야 하는 것이다. 가령 가르시아 마르케스의 '중남미' 같은 것, 밀란 쿤데라의 '유럽' 같은 것이 우리에게도 있는가?

나의 문학적 전망은 언제나 이곳에서 막힌다. 동양 혹은 동아시아? 사실 동아시아라는 말이 항용 남용되듯이 우리를 일본이나 중국과 묶는 틀로서 준비된 것이라면 공감하기 어렵다. 정체성에 대한 '동아시아적 천착'에 담긴 중국이나 일본은 우리가 삶에 대해 느낄 수 있는 신비의 크기나 상상력의 크기를 충족하게 하는 나라가 아니다. 두 나라는 오히려 가장 가까운 곳에 있는 '타자'일 뿐이다. 그런 의미에서 21세기에 접어들면서 유행처럼 회자됐던 '동아시아 담론'에도 그 저변에 '한국과 중국과 일본이 연대해 세계로 나가려'는 엘리트주의의 혐의가 드리워져 있는 것을 어쩔 수 없다. 언젠가 일본이 아시아를 침략할 때 내세웠던 '대동아공영권'의 변형태가 되지 말라는 법이 어디 있는가? 그래서 나는 동아시아로부터 일단 달아나게 된다. 근대로부터, 서유럽을 중심으로 세계사에 대한 인류의 관념을 재편집해버린 19세기와 20세기의 상식으로부터! 그리고 그 제국주의의 아시아 진출로 산산이 부서져버린 '나'라는 자아의 달팽이 껍질을 다시 찾게 된다. 그럴 때 맨 먼저 확인할 수 있는 것이 몽고반점이다. 몽고반점을 가진 사람들은 현재 지상의 곳곳에 흩어져서 살고 있으며 그곳에서는 모두 문화적 유사성이 발견되고 있다.

그리스와 터키에도 많은 한국 사람이 서로 딴말을 하면서 살고 있었다. 지중해의 동쪽 변경 사이프러스에도, 아프리카의 케냐와 탄자니아 사이에도 한국 사람이 닻을 내리고 살고 있었다. 북해의 북쪽 끝, 노르웨이에서 북쪽 바다로 하루 종일 나가 있는, 북위 70도 근처의 작은 섬나라, 인구 7만의 수도 레이커빅에도 한국 식당이 있었다. 화산과 빙산에 싸인 섬에서 김 선생님 댁은 김치찌개를 끓이면서 말했다. 우리 만일까요 뭐. 모두가 다 그렇게 사는 것이겠지요. 무엇이건 오래 그리워하면 그게 다 사방 바다로 밀려나가 한정 없이 저런 파도 소리를 만들어낸대요. ─파도가 아파하는 소리 너무 커서 밤잠을 설치다가, 나는 사흘 만에 그 섬을 떠났다.

─ 마종기, 「차고 뜨겁고 어두운 것」 중에서

존재의 밑바닥에서 올라오는 이 공허, 이 허기. 끝없이 떠다녀야 하는 불안한 영혼을 마음 놓고 내려놓아도 좋을 곳이 어디엔가는 있을 것이다. 아마도 부서진 껍질들을 다시 모으기 위해서는 무엇보다도 먼저 종족적으로 또 문화적으로 동일한 사람들의 연대감을 다시 확보해야 할 것이다. 왜냐하면 이 차원 낮은 '종족주의' 안에 바로 '나'라는 육체를 조각한 자연의 진실이 숨어 있기 때문이다. 변덕스러운 기후와 극심한 추위와 건조한 토양, 초원의 유목 생활이 형성한 피부색과 광대뼈와 짧은 목, 납작한 코······. 우리의 신체에 기록된 이 지울 수 없는 대지의 그림자야말로 유일한 확실성이 아닐 수 없다. 그리고 그 위에 우리의 불행

한 역사가 얹혀 있다. 우리는 단순한 반도 국가의 사람이 아니라 오랫동안 유라시아 대륙을 끼고 살아온 고구려, 발해의 후예며 우리의 노래 속에는 아직도 북간도, 만주, 고비사막, 몽골 초원의 향기가 흐르고 있다. '코리아'적인 것들은 지금도 옌볜을 비롯한 중앙아시아 곳곳에 산재해 있으며 우리의 민속학은 끝없이 그 길을 따라 복원된다.

가히 '역마'라고 해도 좋을 순례의 연작을 펼쳐가는 김명인의 여행 시편들에도 그것은 새겨져 있다.

내가 누구냐고 자문하는 것은
노령 블라디보스토크나 하바롭스크쯤에서는
질문이 아닌지 모른다, 내가 누군지
알려고 부질없이 애쓰지 않아도 이곳에서의 삶은
저렇게 바닥이 드러나 있다, 사람들은
스스로의 길로 저물 뿐,
끝 간 데 없는 지평을 바라보거나 하루 종일
말이 없다, 시장 귀퉁이에
몇 봉지 김치를 내놓은 저 동포 아낙네도!
동족이라는 이름으로 이제 누구에게도
말 건넬 필요가 없다, 일찍이
이곳이 하바롭스크의 지하 감옥이라도!

― 김명인, 「연해주 詩篇 2」 중에서

잃어버린 '대지의 그림자'

누군가 만약 우리가 지금 왜 여기에 와 있는가를 묻는다면 어떻게 대답해야 할까? 나를 이곳으로 이끈 것은 무엇인가? 아마도 운명이라고 말할 수밖에 없을 것이다. 모든 '영혼'은 '운명'이라고 말할 수밖에 없는 우리의 이성이 포착하지 못하는 어떤 우주적 움직임의 궤도에 놓여 있다. 계단에서 발을 삐끗하거나 운동장에서 현기증을 일으키다가, 길을 걷다가 몸체가 한 번 기우뚱거리는 찰나의 우연들조차도 깊게 보면 모두 운명의 손에서 지휘된다.

그렇다면 그 운명이 시작되는 출발지는 어디인가? 그것은 끝내 어디로 돌아갈 것인가? 그것은 필연적으로 나를 낳은 곳, 즉 나의 자연 속으로 돌려보내게 만든다. 왜냐하면 내 안에는 바로 '나'라는 육체를 조각한 자연의 진실이 숨어 있기 때문이다.

무릇 자연에는 자연언어가 있습니다. 바람과 흐르는 물, 있다가 없다가 하는 구름과 비와 이슬, 그 어느 것 하나도 자연이자 자연언어가 아닌 것이 없습니다. 새소리와 한밤중 천장에서 들리는 쥐의 소리, 그리고 시베리아 호랑이의 고독한 포효 역시 이야기가 아닌가요. 이런 자연언어로서의 이야기들이 자연의 생태 관계를 유지시키는 것입니다. 이에 못지않게 인간에게도 자연으로부터 충분히 익혀온 것에 더해지며 인간 사회의 흐름과 물음을 거치는 동안 터득한 자신들의 관습언

어가 있음으로써 비로소 인간의 의미가 부여되고 오늘과 오늘 이후가 연결됩니다.

— 고은, 「아시아 서사시대를 위하여」 중에서

이 같은 사실은 우리에게 지금은 '세계사' 관념에서 사라져버린 근대 이전의 대지를 그리워하게 만든다. 유라시아가 동양과 서양으로 찢기면서 서양에 끌려 다니는 동양이 만들어지고 그 동양의 귀퉁이 한쪽에 마치 절벽가에 나앉은 땅처럼 단절된 곳에서 우리가 살고 있다고 믿어야 할 이유가 어디에 있는가? 그리하여 왜 우리가 인류사의 '변두리'여야 하며 농경문화와 유목 문화의 생태 분계선을 잇고 있는 지구의 한복판이 한쪽은 서양의 귀퉁이로 또 한쪽은 동양의 귀퉁이로 이해되어야 하는가?

무려 시차時差 열한 시간의 광막한 세계인, 아시아 각 지역의 선사 이래 수많은 유실(流失)에도 아직껏 전승되는 유산으로서의 서사 앞에서 우리는 새삼 옷깃을 여미고 탄복하지 않으면 안 될 것입니다. 강조하건대, 아시아의 이야기야말로 인간 실존의 가장 오래된 구원救援이며 그와 함께 그것은 인류의 새로운 문화 고전의 정의定義를 낳을 것입니다. (…) 여기서 아시아는 '잃은' 아시아를 어떻게 보상받을 것인가를 숙고하지 않으면 안 됩니다.

— 고은, 「아시아 서사시대를 위하여」 중에서

그래서 나는 묻고는 했다. 한국에서는 왜 유럽이나 중국에서 세운 '세계사 상'만을 유일한 '세계의 모습'으로 받아들여야 하는가? 21세기에 접어들면서 거침없이 제기되고 있는 '보다 바른 세계사 상'을 찾는 일에 한국의 지성이 동참해서는 안 되는 것인가?

범의 뒷발

오늘날 지상의 거의 모든 예술에서 드러나고 있는 심각한 문제 중 하나는 인간의 시야에서 대지가 사라졌다는 점이다. '문명의 어항' 속으로 도피해버린 사람들이 사는 모든 도시에서 창작된 소설에는 자연의 무대가 없고 시에는 대지를 호흡하는 노래가 없다. 인간이 갖는 근원적인 욕구가 우리의 본성을 구성할진대 춥고 배고프고 무섭고 전율하는 욕구들은 모두 대지로부터 받은 선물이다. 춥지 않고 배고프지 않고 무섭지 않으려고 만들어낸 문명이 우리의 삶에서 대지를 내쫓아버리는 결과를 가져오는 것처럼 당황스러운 일은 더 없을 것이다. 마치 공상과학영화에서 외계인들이 맑은 공기와 물이 그리워 지구를 찾는 것처럼 문명의 어항 속에서 사는 사람들은 필시 자신의 얼굴에서 사라져버린 대지의 그림자를 그리워하게 되어 있다.

나그네 새

늘 쫓기고는 했네

가슴에 발 내릴 곳 없었지

고향은 춥고

조는 듯 깨는 듯

날다 보면 아득한 하늘 물소리

머물 수 없어 사랑도 참았네

허공 어지럽힌 발자국

바람이 다 쓸어갈걸

텃새들의 땅 빌려 쓴 허물

울음까지 뿌리라 말게

커서 쓸 눈물 어릴 때 바닥났으니

영감:
바람의 사전

나로부터

기억이 틀리지 않는다면 내가 몽골에 다녀온 것은 열한 번이다. 1999년 나담축제를 필두로 열세 해 동안 3월, 5월은 빼고 9월 10월에는 두 번씩, 나머지 달은 한 번씩 갔다. 이 잦은 발길을 '머피의 법칙'으로 설명해야 하나? 나는 여행을 좋아하지 않는다. 세계 지리에 어둡고 외국어를 못하며 지도를 못 읽는다. 어린 시절의 말더듬이가 훗날 말(문장)을 다루며 살게 됐듯 모험을 피하는 성격이 자꾸 심부름을 다니게 된 셈이다. 당연히 여행비를 저축하거나 혼자서 비행기를 기다려보지 않았다. 어떤 때는 선후배와 함께, 어떤 때는 행사 참석차 또 일정과 방문지는 내가 정했는데 예외 없이 나보다 동행인을 위한 것이었다. 그러다 보니 몽골 알타이 산맥 너머 광대한 지역에 펼쳐진 남南고비(고비는 돈트고비,

우문고비, 바이양고비 등 세 개의 아이막에 걸쳐 발달해 있는데, 우문고비라 불리는 남고비가 바로 한국인들이 고비사막이라 말하는 곳이다)는 여섯 번을 갔지만 홉스굴호수 같은 명승지는 코빼기도 못 보았다. 행보의 보편성을 의심해볼 만하지만 갈 때마다 새롭고 경이로웠으니 아쉬운 적은 없었다. 그렇다. 일상에는 오히려 객관이 없다. 언젠가 고향을 떠난 후 선택의 여지없이 몸담은 서울에 대한 정보들 역시 마찬가지 아니었던가. 객관적 수치와 통계 그리고 여행지들의 변화무쌍하고 미세한 디테일은 잘 모르듯이 몽골에 대해서도 그런 질문에는 답안지를 채울 것이 없다. 내가 말할 수 있는 것은 대부분 몸이 학습한 것이다.

바람의 나라

내가 가진 것이 '풍문風聞의 지식'이어서 제목이 '바람의 사전'인 것은 아니다. 내 생각에 몽골로 연결되는 입구와 출구는 모두 바람이다. 몽골의 문학도, 학술도, 인심도 바람의 코드를 타고 들어가야 진입 장벽을 넘기 쉽지 않을까 한다. 심지어 세계 어디에서 만나든 거의 예외 없이 몽골 사람의 등에는 바람이 묻어 있고 그들의 문화적 비밀 또한 바람에 새겨져 있다. 경계도 장벽도 없는 무한한 공간을 형상도 없이 오고 가는 바람의 갈피에 몽골이 존재하는 셈이다.

    심야에 울란바타르공항에 내렸을 때 트랩에서 검색대에 이르는 짧은 동안부터 바람은 동행하기 시작한다. 지구가 내쉬는 고원의 숨결은 차갑고 정직하다. 그 속에 놓인 울란바타르의 풍경은 아시아의 모든 주변부 도시와 크게 다르지 않다. 건설 현장과 대형 마트와 아파트들을 오가느라 도로를 가득 메운 차량들, 소음과 정체. 20세기의 막차를 타고 세계 시장 경제 체제의 일원이 된 울란바타르는 늦바람 난 아낙네처럼 거침없고 활기차다. 하지만 성형 미인을 선망하는 이목구비 아래에는 여전히 옛 대륙의 얼굴이 남아 있다. 고원에 흐르는 지구의 극단적인 기후가 조각한 걸작. 그들은 그 얼굴로 세계를 바라본다.

여름철에 갔을 때 특이한 것은 도심 외곽의 언덕 중턱을 따라 늘어선 계절 주택의 흔적이고(도시가 계절 이농을 하는 게 러시아 영향인지, 유목민에게 고유한 전통인지 잘 모르겠다) 겨울철에 특이한 것은 도시 전체를 덮은 석탄의 연기다. 지구에서 가장 높은 고원 지대에 있고 또 광활한 초원을 가진 나라라 마냥 공기가 좋을 것으로 생각하면 큰코다친다. 내가 가본 20여 개 나라의 도시 중에서 겨울철 매연이 가장 심한 곳이 울란바타르다. 역시 러시아의 기후 영향으로 도시 전체를 중앙난방으로 관리하는 탓인데 따뜻한 물이 이동하는 파이프가 통과하는 자리는 도시 부랑아들이 겨울을 버티는 생명줄이다. 화력발전으로 난방 에너지를 얻을 수밖에 없는 이 도시의 가장 큰 난제는 물이 없다는 것이다. 원자력이나 수력을 통해 에너지를 얻기 위해서 꼭 필요한 큰 강이나 바다가 없으니 그들로서는 어찌 할 수 없는 일이다. 한반도의 일곱 배에 이르는 거대한 대지가 더 큰 대지에 갇혀 있어 언제나 목이 마른 곳이 바로 몽골이다. 냉난방도 화석연료에 의지해야 하는 이들에게 산업용 에너지의 확보란 원천적으로 꿈꿀 수 없는 일이다. 물이 없으니 공장도 없고 공장 노동자도 없다. 그들에게 산업화된 세계란 또 다른 유목의 조건일 뿐이다. 노동력을 팔기 위해 전 세계를 떠돌아야 하는 것이 그들이 맞이하고 있는 현대의 풍경인 것이다.

인구 270만 중에서 무려 50만이 외국에 나가 있고 넘은 인구의 절반이 수도 울란바타르에 모여 있는데 어디까지나 통계일 뿐 실제 수도 거주자는 훨씬 넘는다. 그렇다면 초원을 지키는 유목민이 80만 정도는 되는지 모르겠다. 한반도의 일곱 배가 넘는 대지에 고작 80만도 안 되는 인간의 그림자라니. 대지의 깊은 곳에 들어가면 사람을 본다는 것이 그저 신기한 일이 될 뿐이다.

그들이 '신바람'의 민족이라는 것은 비단 13세기에 국한해서 하는 말이 아니다. 그들은 신바람을 일으키면 상당히 어려운 일도 순식간에 해치운다. 1917년 러시아혁명 이후 지구촌이 사회주의 건설에 바쁠 때 가장 먼저 사회주의 시스템을 구축했고 페레스트로이카 이후 냉전 체제가 무너질 때도 가장 열심히 데모를 해서 민주공화국을 쟁취했다. 러시아혁명은 유목민의 도움을 받았지만 그 혁명이 만든 정부는 유목민적 생산 양식을 해체하거나 통제하려고 했다. 독자적 생산 양식이 아니라 해서 배척했을 뿐 아니라 강고하게 없애려고 노력했다. 더구나 옛 민족사의 영광에서 자긍심을 느끼지 못하도록 칭기스칸을 이야기한 문학 작품을 판금하고 노래도 금지했다. '붉은 군대 철수 자주화!'라는 명제는 근대 몽골의 국부인 담딘 수흐바타르가 암살된 1930년대 이후 끊임없이 계속된 사회 정치적 화두였다. 이 화두를 이끈 이들은 라마승과 시인, 소설가, 기자였다. 이들은 투옥과 학살과 억압에 맞서 싸우며 근대 몽골의 내면을 형성했다. 금지된 70년! 이는 1990년 이후 사회적 변화와 개혁의 과정에서 대중의 사회의식을 매우 빠르게 변하게 하는 동력이 됐고 사회적 관념이 일원론에서 다원론으로 복귀되게 하는 촉매제가 됐다. 그때 한국과 교류하기 시작했는지 2010년 한몽교류 20주년이라 하여 공동 행사를 논하기도 한다.

아무튼 현대 몽골을 한국에 비유하면 근대화가 진행되면서 농촌 공동체가 급격하게 해체되어 다수의 이농민이 공장으로 몰려들면서 야기된 도시화 문제, 주택 문제, 각종 사회 문제들을 만나던 때에 비유할 수 있다. 몽골의 유목 문화적 공동체는 지금 해체 위기의 정점에 달한 듯 보인다. 초원을 떠난 대부분의 젊은이는 시골을 벗어나도 공장을 만날 수 없으니 비행기를 타고 더 먼 나라로 노동력을 팔러 가야 하는 것이 이곳의 현실이다.

바람의 발원지

내가 가본 나라 중에서 몽골과 가장 크게 대비되는 곳은 베트남이다.

1993년, 호치민에서 이틀 거리에 있는 메콩델타 지역에 들어간 적이 있는데 영화 〈연인〉의 무대 샤덱을 지나면 물의 왕국이 펼쳐진다. 학교도, 시장도, 아이들이 모여서 노는 동네 골목도 다 물길이었다. 넘치는 햇살과 잘 익은 과일과 굽이치는 물의 천국. 몽골에 없는 것만 골라 풍족히 남아도는 그곳이 바로 13세기에 칭기스칸이 직접 출동했다가 패전한 곳이다. 왜 패했을지는 너무도 뻔하다. 베트남에서는 의식주 문제로 죽는 일이 없다. 자연의 공격을 받지 않는다는 이야기다. 사람들의 가슴은 수천 년 이어져온 자연의 은혜 앞에 활짝 열려 있다. 그에 반해 몽골은 바람의 나라다. 몽골인의 의복은 수천 년을 자연과 맞서 싸운 전투적 인간의 기상을 감싸고 있다. 잿더미에 남은 불똥을 생명으로 여겨서 거기에 오줌을 싼 자, 또 물을 피처럼 소중히 여겨서 빨래를 하거나 목욕을 하는 자를 사형에 처했던 나라의 사람들에게 베트남은 전혀 다른 별이었을 것이다.

몽골에서 일어나는 모든 현상은 건조해서 생긴다. 나는 언젠가 몽골 여행을 하다가 바람을 발명한 느낌을 받은 적이 있다. 몽골고원은 크게 세 개의 지대로 구성되는데 하나가 초원, 하나가 사막, 하나가 삼림이다. 광활한 초원 주변에 사막이 있고 그 반대편에 삼림이 우거진다. 초원에서 사막으로 이동하는 사람은 식물이 갈증을 느낄 때 내보이는 몸짓을 실감하게 된다. 건조 지대에 시달리다 보면 대지는 녹지를 잃고 먼지흙으로 변하며 식물은 이파리가 가시로 변한다. 초원이 황막함을

거쳐 사막으로 변하는 곳에 가면 대지가 갈증을 느끼는 모습을 볼 수 있다. 팍팍한 먼지흙은 습기만 있으면 빨아들인다. 어떤 해에 남고비 전역이 신기루로 덮여 가도 가도 바다 같은 느낌을 받은 적이 있는데 모래 더미가 하늘을 흡수하는 현상이 아닐까 싶었다. 왜냐하면 가던 길에 구름이 모래 산을 지나지 못하고 사막의 갈증에 흡수되어 죽죽 흘러내리는 것을 보았기 때문이다. 그럴 때 사막의 모래 산은 구름의 목덜미를 물고 수분을 빨아들이는 흡혈귀 같은 느낌을 준다. 마치 빗물이 차창에 흐르는 것 같은 하늘과 땅의 경계는 뭔가 분주히 운동하는 듯하다.

그런 대기의 이동이 바람을 일으킨다. 한 곳의 대기가 자리를 비우고 떠나면 주변의 대기가 메워야 한다. 그래서 생기는 대기 이동의 릴레이가 점점 가속도를 내고 기운이 세진 바람은 풀뿌리에 엉긴 모래들을 떼어다가 어느 곳에 쌓기 시작한다. 모래가 논둑처럼 쌓인 곳에 그 뒷바람을 타고 옮겨온 것들이 얹혀 언덕을 이루고 바람에 쓸려왔다가 그 언덕을 넘지 못하는 모래들이 점점 높이 쌓여 모래 산을 만든다. 모래 산은 계절이 바뀌어서 바람이 반대쪽으로 불 때까지 살찌고 키 크다가 되돌아가는 바람에 실려 다시 장소 이동을 시작한다. 이 미세한 '대지의 호흡'은 마치 장자의 붕새 이야기에 나오는 '곤'이라는 물고기를 연상하게 한다. 곤은 자라서 이무기가 됐다가 커지고 커져서 하늘로 승천하여 붕새가 된다.

붕새는 한 번 날개를 펴면 구만 리 장천을 나는데 이게 대륙풍이다. 그 붕새가 한반도를 향할 때 뉴스는 온통 난리가 난다. 저 무지막지한

새를 핵무기까지 가진 현대 문명이 사냥할 수 있으면 좋으련만 속수무책이니 우리가 대피하는 수밖에 없다. 학생들은 마스크를 착용하도록 교육받으며 세일즈맨들도 되도록 외근을 삼가야 한다. 소위 '황사'인데 붕새가 날아갈 기운이 다 돼서 하강할 무렵의 소동이 이러하니 한창 넘치는 힘을 주체하지 못하고 비상을 시작할 때의 모습은 상상하기조차 두렵다. 몽골에서는 가끔 돌개바람(넓은 평지에서 발생하고 매우 강하게 돌아가는 쓸베기 모양의 회오리)이 부는데 이게 한 번 승천하기 시작하면 사람이건 동물이건 휘감아 올려 흔적 없이 쓸어가버린다.

유목민

바람의 나라에서 인간이 살 길을 찾아낸 것은 기념비적이다. 20세기까지 농업의 발견을 가장 위대했다고 말한(인류가 정착해서 살 수 있는 길을 열었다) 관점은 이제 수정 단계에 있다. '정착'을 인류의 기본 형태로 생각하던 견해는 21세기를 맞으며 급격히 변했다.

지형학적으로 골고원은 바다에서 융기했다. 사막에서 진주를 줍기도 하고 소금을 생산할 수도 있다. 몽골고원이 처음부터 높은 곳도 아니고 영원히 낮은 곳(바다)도 아니라는 사실은 우리에게 지구라는 별의 운동을 다시 생각하게 한다. 지표는 해와 달을 번갈아 맞으면서 바람이 이동하고 계절만 변하는 게 아니다. 지괴는 한 몸통이니 어느 시기에 어떤 생명체가 더 높거나 낮은 곳에 위치했다 하여 그곳이 오지일 수 없으며 그들이 야만의 족속일 수 없다. 인간은 반드시 자신을 낳은 자연 속에서 지혜를 발휘하고 문화를 형성하며 그에 맞는 문명을 기른다. 지구의 가슴팍에 속하는 광활한 대지가 초원으로 변했을 때 그곳에 남아 있던 최초의 인간들이 발견한 유목의 대서사를 오늘의 인류가 이해하기는 힘들 것이다.

고원에 광범하게 흩어져 있는 고대 암각화들은 초원의 대서사시와 고대 박물관을 겸하는 거대한 자연 화랑이요, 기록관이다. 아시아 내륙이 강추위와 건조 지대에 시달릴 때 유라시아 대륙이 사막과 초원으로 바뀌자 생물의 태반은 살길을 찾아 떠나야 했다. 대지에 가득 풀이 남아 그 소비자들이 1차, 2차, 3차, 4차, 5차의 먹이사슬을 만들었다. 풀의 1차 소비자는 나비, 지렁이, 메뚜기, 쥐, 토끼, 양, 사슴 등 초식. 메뚜기류는 잠자리, 여치 등 2차 소비자에게 먹히고 그것들은 다시 도마뱀, 박쥐, 두더지 등에게 제공되며 3차 소비자는 뱀, 여우 등에게 먹힌다. 맨 꼭대기에 5차 소비자 늑대가 있다. 그 늑대는 인간처럼 조직생활을 한다. 풀에서 늑대에게 이르는 생태계의 연쇄 고리는 자신의 번성을 위하여 타자를 멸종하려는 폭군을 용서하지 않는다. 초원의 풀은 태양 방사 에너지의 0.5퍼센트밖에 흡수하지 못하지만 그것으로 동물의 생존 환경을 제공한다. 메뚜기가 풀을 다 먹어치우지 못하는 것은 참새 때문이며 참새가 메뚜기를 다 먹어치우지 못하는 것은 독수리 때문이다. 먹이사슬의 연쇄가 유지되기 위해서는 개체수의 밸런스가 중요하다. 중간에 있는 어느 소비자가 없어져 천적이 없어진 개체 수가 급격히 증가하면 초원은 결국 파괴되고 만다. 자연은 이렇게 지엄한 것이다.

언뜻 보면 세계는 힘이 센 자가 약한 자를 지배하는 것 같지만 사실은 큰 생명이 작은 생명을 지배한다. 모든 생명의 먹이에 불과한 가장 연약해 보이는 물이 지구의 가장 큰 생명이다. 이 물의 자취를 따라 초원이 형성되고 그 초원의 이동(계절마다 내지에 초록이 이동하는 모습)을 따라 양 떼가 목숨을 구걸해 다니며 그 양 떼의 이동을 따라 유목민이 잉여 재산을 창출한다. 바로 그 '양'으로 대변되는 발굽 동물 다섯 가지 양, 염소, 소, 낙타, 말을 오축五畜이라 하는데 이는 농경민이 쌀을 비롯한 오곡을 중시하는 것과 똑같다. 그런 의미에서 유목민은 발굽 동물을 직원으로 둔 CEO라고 할 수 있다.

농경 정착 문명이 신에게 저지른 가장 큰 잘못이 있다면 '종의 기원'을 이탈한 점일 것이다. 농경 문명권에서 인간에게 이롭다고 판단되는 모든 동식물은 품질 개량 됐다. 유전자 변형은 얼마나 심각한 '신에 대한 범죄'인가. 유목 이동 문명이 남긴 '신 앞에서 위대한 업적'이 있다면 그것은 자연 생태의 질서를 깨뜨리지 않으려고 노력했다는 점이다. 일반적으로 농민이 식물에 대해 아는 것보다 유목민이 동물에 대해 아는 게 훨씬 많다. 하지만 유목민은 수천 년 동안 동물을 경영했으면서도 잉여 생산을 더 많이 내기 위해 이종 교배를 시도하거나 유전자 변

이를 감행하지 않았다. 대신 지구의 좋은 부분을 차지하기 위해서 성을 쌓고 생태계 연결고리를 차단한 정착 문명의 사람들을 약탈하고는 했다. 그들은 말한다. 성을 쌓는 자는 반드시 망하고 이동하는 자는 흥할 것이다*. 이 약탈을 단지 범죄라 할 것인지에 대해서는 아직 말하고 싶지 않다.

어떤 형태의 삶에서나 작은 허물들이 조금씩 쌓이다 보면 큰 재앙이 온다. 자본주의에서도 인플레이션, 디플레이션 같은 것이 대공황을 낳듯이 유목민도 '조드'**라 하는 대재앙을 만났다. 초원에서는 2000년 전이나 지금이나 단위 면적당 양의 분포가 적절한 개체로 유지돼왔다. 그것이 깨지면 초원은 파괴된다. 현대 사회학에서 즐겨 차용하는 개념 '공유지의 비극'이라는 말이 여기에서 나왔다. 모든 범죄는 타자를 향한 연민을 지키지 못하고 약속을 깨뜨리는 곳에서 시작된다. 가령 여름에 가뭄을 만나면 양이 먹을 풀이 모자라고 그것은 가을에 먹기 위해 아껴야 할 풀을 침범하게 된다. 그해 겨울에 한파가 오면 이듬해 봄을 미처 기다리지 못하고 수천만 마리가 일시에 얼어 죽는다. 이게 초원에서 발생하는 '생태계의 인플레이션과 디플레이션으로 인한 유목 사회의 대공황'이다. 1999년 대형 조드가 발생했을 때 몽골 정부가 호소하는데 CNN 방송과 인터뷰한 한 부족장의 말이 기억난다. "인간은 대지

---

* 울란바타르에서 한 시간 거리에 있는 돌궐 비석에 새겨진 톤유쿠크 장수의 말.
** 초원 건조 지대에서 발생되는 추위로 인한 재앙. 조드가 닥치면 동물 수천만 마리가 한꺼번에 죽는다.

를 이탈했다. 이건 탐욕이 낳은 재앙이다. 신이 내리는 벌이다." 의아했던 것은 CNN이 부족장이라고 했던 신분의 인간을 그 숱한 여행 중 한 번도 보지 못했다는 것과 더 이해하기 어려운 것은 '조드'라는 재앙을 인간의 탐욕이 낳은 '신이 내린 채찍'으로 이해하는 맥락이다. 유목민에게 지도자나 정신적인 어른이 있게 마련이니 신분 상의 이름은 그렇다하더라도 여기서 생각해야 할 것은 그들의 정신세계다. 나는 이 의문을 인간과 늑대의 대결에서 추정한다.

늑대의 서사

유목 세계의 야성성을 상징하는 기호는 늑대다. 한국 레지던스 프로그램으로 6개월간 몽골 체험을 하고 와서 소설『늑대』를 쓴 전성태는 이 작품에서 탐욕적인 도시인이 늑대 사냥을 다니면서 일으키는 인간 내면의 풍파를 그렸다. 맹수도 '동물원'에 가두고 귀엽다하는 문명의 인간들에게야 한낱 개의 형상에 불과한 늑대의 위용을 어떻게 설명해도 알아듣지 못한다. 한국 문학에서 그 문제를 실감나게 다룬 작품이 황순원의『이리도』다. 분단 이전의 한국이 얼마나 넓은 시야를 유지하고 살았는지, 그 그늘이 우리 민족의 기억 속에 얼마나 길게 드리워져 있었는지 느낄 수 있는 이 작품은 작가가 여행의 자유도 없고 삼팔선 이남만을 숙명의 공간으로 삼게 했던 때 썼는데도 오늘날의 과학기술에 기

대어 몽골 여행을 열두 번이나 다녀온 자가 알지 못하는 내용을 보여준다.『이리도』의 압권은 고원을 찾아온 일본인이 밤에 늑대의 기척을 무서워하지도 않고 잡겠다며 권총을 들고 나가는 것을 유목민이 붙잡는 대목이다. '늑대도 총소리를 무서워하나 정히 쏘려거든 허공을 향해 한 발만 쏘아서 겁만 주는 것으로 끝내라.' 그러나 일본인은 사격술만 믿고 뛰쳐나가 늑대와 대적한다. 이윽고 들려오는 총소리, 늑대의 비명. 그러나 주인이 말하기를 탄환이 떨어지는 순간이 죽는 순간이라는 것이다. 적어도 늑대 앞에서 총은 인간을 지키지 못한다. 늑대는 자살 테러를 선택할 수 있는 동물이다. 이는 늑대의 서사를 파악하지 않고는 이해할 길이 없다.

조원에서 5단계에 이르는 먹이사슬을 비집고 들어기 그것을 관리, 경영해 잉여 생산을 만들어낸 인간과 마지막까지 헤게모니 싸움을 벌인 것이 늑대였다. 사회적이고 지능적이며 전투적 특성을 지닌 늑대는 자신의 영토를 인간에게 빼앗기자 마지막까지 테러 방식의 저항을 기도했다. 그것은 21세기 지상을 유일하게 지배하려는 미국의 군사력에 대항하는 소수 저항세력의 공격술을 연상하게 한다. 문명 속 어딘가에 탈레반이 있듯이 초원의 어딘가에 늑대가 있다. 오늘날 벼랑 끝에 내몰린 늑대의 결사항전을 기록한 수많은 다큐멘터리가 보여주는 내용은 온통 비장한 것뿐이다.

그와 관련하여 몽골 유목민에게 인상 깊은 것이 있다면 늑대를 대하는 이중성이다. 몽골 유목민은 동물을 사랑해 번식기 사냥은 특별히 금지하는데 초원에 나가보면 아무도 그것을 어기지 않는다는 것을 피부로 느낄 수 있다. 그런데 늑대는 예외여서 총을 사용해도 되고 번식기에도 늑대 사냥은 마음대로 할 수 있다. 심지어 국가가 장려하고 여러 마리를 잡으면 포상까지 한다. 이는 유목민 사회의 거점이니 수긍이 가는 일이다.

반면 늑대 토템 또한 뿌리가 깊어 모든 몽골인은 자신을 '잿빛의 푸른 늑대의 후예'라 믿으며 푸른 늑대의 성격을 그대로 역사에 구현한 칭기스칸을 존경한다. 바로 여기에 늑대의 서사가 숨어 있는데 이를 제대로 다룬 문제작이 중국 작가 장룽의 『늑대 토템』이라 할 수 있다.

'초원 민족이 지키려는 것은 큰 생명체다. 그래서 그들은 초원과 자연의 생명이 사람의 생명보다 더 소중하다고 생각한다. 그러나 농경민족이 지키고자 하는 것은 작은 생명체다. 그러므로 이 세상에서 가장 소중한 것은 사람의 목숨이라고 믿는다. 하지만 큰 생명체가 사라지면 작은 생명체도 전부 죽게 된다.' (……) 만약 큰 생명체의 입장에서 본다면 농경민족은 대량으로 화전을 일구고 황무지를 개간하면서 초원과 자연이라는 큰 생명체를 파괴했고 인류라는 작은 생명체까지도 위협했으니 이야말로 더 야만스러운 행동이 아니겠는가.

— 장룽, 『늑대 토템』 중에서

생태학적으로 늑대는 초원의 소비자를 조절한다. 어느 하나가 필요 이상으로 번식하거나 멸종해 초원의 균형이 깨지게 하지 않는다. 문명을 축적해 이기적 능력을 확대한다는 점에서 인간은 늑대보다 훨씬 유능하지만 '초원'이라는 큰 생명을 조절 관리한다는 점에선 비교할 수 없이 무능하다. 인간에게 맡기면 초원은 순식간에 황폐화되고 생태계는 대공황에 빠질 것이다.

여기서 아까 말한 부족장의 말을 해석하자면 늑대 토템을 잃은 인간이 보다 안전하고 편리하게 잉여 재산을 확보하기 위해서 경쟁자(늑대)를 멸종시킨 것이 결과적으로 초원 생태계의 지속 가능한 공생을 깨뜨렸고 그 때문에 인간에게 보호받는 생명체들이 과도하게 풀을 소비한 결과 큰 생명체가 위기에 빠졌다. 때문에 자연의 조절 운동이 '조드'를 만들어 초원의 크기보다 넓은 영토를 필요로 하는 소비자들을 청소한 것이다.

도시 유목민

오늘날 몽골인은 칭기스칸의 이름으로 '늑대'를 기억한다. 지금과 같은 속도로 유목 세계가 해체되고 나면 이제 '늑대 토템'의 세계관은 칭기스칸을 재평가할 때밖에는 기억되지 않으리라. 그리고 이 같은 재평가가 소홀해져서 그 흔적이 남김없이 사라진다면 지구의 생명은 수명을 다할지 모른다. 지난번 코펜하겐 기후 회의에서 보았듯이 인류는 이미

물이 부족한 '건조한 지구'에서 살 수 있는 지혜를 잃었다. 그런 측면에서도 칭기스칸은 여전히 지금의 우리에게 중요한 성찰의 기회를 제공한다. 그러나 순탄하지는 않다.

13세기의 지도자 칭기스칸을 유럽이 탄압했다고 하는 것은 축소되 왜곡됐는지 모른다. 러시아가 타타르를 어떻게 바라봤는지는 옛날 영화에 비교적 잘 그려져 있다. 포유류가 파충류를 대하듯이 적대한다. 중국은 칭기스칸 손자 쿠빌라이칸의 원 제국에 의해 오늘날의 영토기 확보됐으니 어떤 측면에서는 가장 큰 수혜자라 볼 수도 있지만 몽골과 관계에서만은 유목민의 영혼과 정착민의 영혼을 대표하는 원수지간처럼 대한다. 만리장성을 포함한 중국 문화유산의 태반은 유목민의 침탈을 막으려는 배타적 무장으로 가득 차 있다. 유럽은 근대를 일으켜 세웠다. 인류의 근대는 유목 문명을 야만으로 몰아세우면서 배타적 가치관을 확립하는 데 몰입했으니 칭기스칸 공동체는 몽골 이외의 모든 민족에게서 대략 700여 년의 왜곡과 견제, 인문학적 억압을 받아온 셈이다*.

그런데 왜 유목의 삶이 잊혀가는 시기에 지구는 다시 유목민 바람으로 소란을 피우게 됐을까? 근대 내내 농경 정착민을 문명 세계라 하여 절대적 선으로 섬기고 유목 이동민을 야만이라 하여 절대 악으로 여기던 인류가 근대를 떠나기 시작하면서 자신을 유목민이라 부르고 싶

* 잭 웨더포드가 쓴 『칭기스칸 잠든 유럽을 깨우다』를 보면 몽테스키외로 시작되는 역사왜곡의 강도가 얼마나 심했는지를 알 수 있다.

어 하게 된 현상은 참 역설적이다. 내가 알기에 이 같은 흐름은 크게 세 방향에서 흘러나와 오늘날의 사람들을 도시 유목민이라 부르게 했다. 우선 유목적 판타지를 인식론으로 구축하여 제출한 철학자는 질 들뢰즈다. 하지만 유목민의 세계관을 정치 경제학적으로 해석하여 오늘날의 유행어를 만들어낸 1등 공신은 언론과 기업들이다. 1995년 〈워싱턴 포스트〉가 저무는 20세기를 바라보면서 지난날을 정리하는 기획 기사로 '지난 1000년의 역사에서 가장 중요한 인물은 누구인가?'를 묻고 콜럼버스와 마르코 폴로적 상상력을 제공한 칭기스칸을 뽑은 사건은 유명하다. 칭기스칸은 최초의 지구 시대를 연 사람으로서 '인종, 종교, 언어, 문화의 차이에 거의 구애받지 않았던 사회, 정권과의 연고(?)가 없어도 실력만 있으면 아무라도 쉽게 등용되는 능력주의·실력주의 인물 선발이 보통이 된 사회, 압도적 다수의 농민과 서민 등 하층 대중에게 출세와 성공의 기회가 열려 있는 사회'*를 건설한 전범적 지도자로 주목됐다.

그리고 그 문화적 해석으로 이 시대의 마인드를 유목민 마인드로 현대인을 도시 유목민으로 평가한 것은 프랑스 작가 자크 아탈리Jacques Attali인데 그는 『21세기 사전』과 『호모 노마드—유목하는 인간』 등의 저술로 세계화, 정보화, 환경 생태화 시대의 인류를 도시 유목민이라 명명했다. 아탈리는 "태초에 인류가 그러했듯이, 이 긴 정착민 시대가

* 김종래, 『유목민 이야기』, 도서출판 꿈엔들, 2005

지나고 나면 미래의 세계는 다시금 노마드의 세계가 될 것"이라며 다가오는 세계의 풍경을 이렇게 설명한다.

> 모든 것이 불안정하고 임시적인 것이 됐다. 사람, 사물, 제도, 기업, 개념, 가치, 연대감, 사랑, 가족, 일, 소비 양식, 식사 시간과 수면 시간, 이데올로기, 전쟁 형태, 명성, 여가나 여흥 등이 그런 것이다. 사라질 권리, 이름, 신분, 모습, 선택한 삶 등을 바꿀 권리가 자리 잡았다. 정주성이란 안정되고 보호된 장소에서 할머니 할아버지와 함께 사는 아이들의 마지막 특권이 됐다. 부모들은 아이들을 보러 거기에 번갈아 와서 잠깐 머물다 가게 될 것이다.
> － 자크 아탈리,『호모 노마드―유목하는 인간』중에서

정착민들의 최대 발명품은 국가인지도 모른다. 국경은 벽돌을 쌓지 않은 성이다. 이 성벽은 21세기식 유목 족속, 현대적 의미의 양치기들, 상인들, 예술가들, 디아스포라에게 셀 수 없이 함락되다 마침내는 소멸할지 모른다. 그러나 노마드적인 윤리와 문화의 콘텐츠를 가지고 있는 최종 저작권자는 몽골이다.

다시 나에게로

몽골 이야기를 할 때 자주 듣는 지적 중 하나가 변형된 오리엔탈리즘에 대한 혐의다. 한국인이 초원에 다녀와서 신비감을 전하는 것이 동양에 대한 편견을 가진 유럽인이 아랍이나 인도에 다녀온 이야기를 하는 것과 얼마나 다른가 하는 핀잔이다. 나는 이 신중한 조언을 그다지 개의치 않는다. 작가로서 21세기의 서사를 고민할 때 나는 초원의 삶을 떠올린다. 칭기스칸의 군대에게 패한 후 중원 정착 사회의 지식인들이 그려낸 근 천년 가까이 된 『삼국지』적 인간형들로 20세기까지의 인간 군상을 유형화하고 들여다보았다. 그런데 21세기로 넘어오면서 『삼국지』적 인간형으로는 도저히 설명되지 않는 인간들이 당대를 끌고 가는 것을 본다. 예전과 너무나 다른 인간이 많이 출현한 오늘날의 성격을 13세기의 유라시아 대륙은 풍부하게 안고 있다. 그리고 그들이 부딪쳤던 현실과 비슷한 문제들이 지금 우리 앞에 닥쳐오고 있다. 도시 유목민, 이동태의 삶, 소통하는 인간형. 이것은 21세기 서울에 사는 정신들에게도 필요한 교훈으로 던져진다. 성을 쌓으려는 자들이 인류를 계속 재앙으로 끌고 가기 때문에 길을 뚫으려는 인간을 그리려 하는 것은 지금 우리 시대의 문제지 몽골의 문제나 유목민의 문제 혹은 한국형 오리엔탈리즘의 문제라고 볼 수 없을 것이다.

차바퀴에 부서지는 별빛

별이 떨어지네 돌아오는 길에
고원에는 부서진 빛들이 묻힌
풀무덤, 하늘의 묘지
어둠은 늑대 울음 기슭에 일행을 묻고
나는 전조등만 외로운 광야를 헤쳐 오는 길
무엇이 저토록 차바퀴에 깔리는지
거친 바람결에 지문조차 지워진
얼굴 없는 사막
낙타 등짝 같은 대지 끝에서
혼자 깬 새끼 양이 숨죽여 엿보는
그 름에도 소녀가 자라 몸 팔러 가고
빈자리는 항상 어둠의 속삭임
아아악, 불빛 도시에 닿고 싶지 않아요
경악하는 저 별똥과 함께
무엇이 첩첩 어둠 속에 잠기는지
배호도 김추자도 없는 머나먼 차창까지
사라진 많은 날이 매달려 우는
깊은 밤 돌아오는 차바퀴 뒤에
무엇이 저토록 첨벙첨벙 숨지는지

순례:
자연 속에 내장된 상형문자들을 찾아서

초원의 중세를 찾아서

내가 울란바타르대학 학술조사단의 일원이 된 것을 한국 친구들이 알면 놀랄 것이다. 바로 며칠 전까지 나는 서울의 작가들이 흔히 겪는 일상의 권태 속에 있었다. 겉으로 본다면 이번에 감행한 일탈의 강도는 상당히 파격적이다. 하지만 내적 맥락이 없는 건 아니다. 꽤 오래전부터 13세기 유목민을 소재로 소설을 쓰려고 꿈꿨다. '골방 같은 유럽의 중세가 아니라 광활한 초원의 중세를 그리자!' 13세기라면 칭기스칸의 시대니 내가 쓰고자 하는 이야기에서도 그가 중심에 놓일 수밖에 없다. 애써 '13세기의 유목민'을 그리겠다고 강조하는 데는 각별한 이유가 있다. 한 사람의 영웅을 따라가는 전쟁담에 국한되는 이야기를 하려고 몽골까지 장기 출장을 떠나는 작가는 많지 않을 것이다. 영웅 서사는 흔한 데다가 나의 역사의식에도 부합되지 않는다.

　그렇다면 다른 뜻이 있다는 말인가? 13세기의 유목민이 살았던 대지의 아름다움, 그 대지의 참혹함, 그들은 왜 전쟁을 할 수밖에 없었는지 그리고 인류는 왜 그들의 역사를 감춰왔는지 하는 것은 아직까지 어둠으로 남아 있다. 인류는 비교적 최근에 들어서야 비로소 문명이 800년의 방황 끝에 이른 결말을 돌아보기 시작했다. 앞으로의 인류는 이리 테무신이 초원에서 목격한 조드를 지구의 모든 곳에서 목격하게 될 것이다. 나는 칭기스칸이 대지의 일부이기를 거부하고 주인 행세를 해보려던 '야욕하는 문명'을 통렬하게 흔들고 지나갔다고 본다. 그런 의미에서 21세기의 화두를 세계화, 정보화, 생태화에 둔다는 말은 13세기의 유목민을 다시 보겠다는 말이며 칭기스칸의 채찍을 다시 맞겠다는 말이기도 하다. 텃새의 기득권을 허물고 철새의 정의를 구현하고자 했던 자, 또 동시대의 적들만 정복한 게 아니라 인류가 살아갈 800년의 시간도 함께 정복한 자, 나는 지금 그가 대표한 유목민 집단을 현생 문명의 일탈에 대한 마지막 저항자 집단으로 상상하고 있는 것이다.

　한국을 떠난 것은 8월 2일 밤이고 울란바타르에서 눈을 뜬 것은 8월 3일이었다. 첫날은 장기 체류를 위한 숙소를 마련했고 이튿날은 인터넷을 확보했다. 사흘째 울란바타르대학 총장님께 인사를 드렸는데 그 자리에서 우연히 답사 계획을 알게 됐다. 내 성격에 어떻게 그것을 부러워

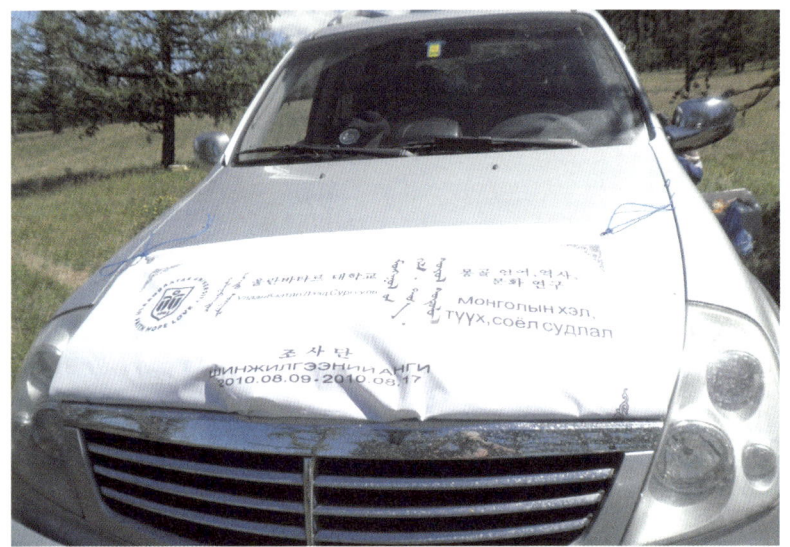

조사단 답사 차량 1호차.

하는 표정을 지었는지 모르겠다. 동몽골 초원의 민간 풍속을 들여다볼 기회를 놓치고 싶지 않아서 미적거렸더니 그 자리에서 조심스럽게 나를 합류해주려는 특별한 배려의 분위기가 만들어졌다. 그리고 사흘이 흘러 예비 모임 때 다들 내게서 이교도의 눈빛을 느꼈을 것이다. 나는 두 가지 면에서 '타자의 긴장감'을 안고 있었다. 하나는 내 눈빛이 아직은 서울 시민의 것일 수밖에 없는 문화적 이질감이었고 다른 하나는 문학에 내포된 '학술적 태도'의 이질감이었다. 특히 나이가 지긋한 원로 학자들과 동행하는 것이어서 행동이 여간 조심스러운 게 아니었다. 그 자리에서 받은 질문을 지금도 잊을 수 없다.

"몽골의 시골 예절은 알고 있습니까?"

뜨끔했다. 초원을 한두 번 방문하는 것은 아니지만 매번 여행자 신분이거나 문인 교류 등 자유분방한 행사에만 익숙했던 터라 현지 정서에 밀착해야 된다는 긴장감을 가져본 적이 없었다. 막상 답사를 떠나서 돌아올 때까지 자유롭게 묻고 보고 또 들었던 것은 엄청난 배려 때문이었다. 이 자리를 빌려 모두에게 감사의 표시를 남기지 않을 수 없다.

첫 인사

2010년 8월 9일 아침, 6시 40분 집결지에 도착하여 인사를 나누었다. "샌베노?" 이것은 내가 알고 있는 단 세 마디 몽골어 중 하나다. "안녕하세요?" 나는 이렇게 답했다. 우리가 탈 두 대의 차량에 한국어를 아는 분이 각각 타고 있다고 했다.

1호차에는 울란바타르대학 대학원장이며 몽골 언어학자인 소미야바타르, 부리야트 역사학자 갈상, 몽골 방언연구가 바트자야, 운전을 맡은 처여 그리고 내가 탑승했다. 2호차는 울란바타르대학 총장이자 한국 언어학자 최기호와 그의 수행 비서 빔바, 조교 게렐마 그리고 사진작가 박현주가 있었다.

한국 같으면 봉고차로 움직였을 것이다. 장거리를 이동할 때는 중요한 토론이 모두 차 안에서 이루어지게 마련이니까. 그러나 초원에서

학술 조사단 일행과 함께.

는 사정이 다르다. 초원은 아름답지만 인간을 위해서 펼쳐진 문명의 그라운드가 아니다. 어떤 곳에서 고립되면 수개월이 지나도록 구조되지 못할 수도 있으며 차바퀴가 깊은 웅덩이에 빠지면 유목민을 만나더라도 견인하지 못하는 경우가 허다하다. 이것이 차를 두 대로 늘린 이유다.

집결지에는 우리가 9일간 묵을 짐이 산더미 같이 쌓여 있었다. 취사도구, 취사 재료, 빵, 물, 라면, 슬리핑 백, 각자의 가방들. 짐이 많아서 여러 차례에 걸쳐 싣고 내리고 다시 배치한 끝에야 탑승할 수 있었다.

시동이 걸리고 도시를 빠져나간 것은 7시 50분, 헤를렌강을 건넌

것은 8시, 바가노오르라는 소도시를 통과하여 쳉헤르만달에서 커피와 간식을 나눈 것은 10시 45분이었다. 그리고 본격적인 초원길로 접어들 때 나는 개통된 지 얼마 안 된 휴대전화를 끄기 전에 무심코 전화번호를 눌렀다가 깜짝 놀랐다. 전날 밤에 고은 시인이 서울 집에 연락했다는 말을 듣고 혹시나 하고 걸어본 것인데 곧장 "여보세요?" 하고 어르신의 목소리가 튀어나왔다.

"선생님, 저 인사도 못 올리고 몽골에 있습니다."

"응, 그러니까 지금 천막집 있는 데여?"

"네, 시골을 여행하는 중이어서 바로 앞에 게르가 보입니다."

이것이 21세기였다. 동몽골 헨티아이막 초원에서 한국의 시골로 전화를 한다는 상상은 2년 전만 해도 꿈도 꿀 수 없는 일이었다. 나는 이 상황이 갑자기 불안해졌다. 어쩌면 지상에서 사라지기 직전의 자연을 만나러 가는지 모른다는 생각이 엄습한 것이다.

인간의 감각은 놀랍다. 아주 옛날에 스친 바람 같은 기척으로도 세포가 반응하고 낯익어한다. 정오 무렵 소나무 쪽하고는 다르고 잣나무, 전나무, 비자나무의 친척쯤 되는 침엽수들이 드문드문 서 있는 곳을 통과하는데 분명히 눈에 익었다. '한 번 물을까? 그런데 뭐라 묻지?' 나는 망설였다. 참고로 1호차에 한국인은 나 혼자고 동승한 분들은 나이가 지긋했다. 경솔하게 차를 세우거나 가벼운 행동을 할 계제도 아니거니와 대화를 자르고 끼어들어서 불쑥 질문을 할 수도 없었다. 소통은 매번 이심전심이 있어야 이루어졌다. 잠깐 밝혀두자면 1호차에서 한국어를 아는 분이 소미야바타르 선생님이었는데, 나중에 한국으로 돌아와서 꽤 여러 사람에게 그분의 성함을 다시 들었다. 그분이 거명되면 누구나 곧장 엄지손가락을 치켜든다. 만국 공통어로 으뜸이라는 표시인 바 몽골 학자들 중에서 최고라는 것인지, 몽골의 언어학자 중에서 최고라는 것인지는 모르겠지만 명망이 매우 높은 원로 지식인이었다. 그분에 대한 호칭을 나는 답사 기간 내내 "대학원장님!"으로 사용했다.

더러 어떤 사물들과 마주칠 때 내 눈빛이 번뜩였는지 아닌지는 잘 모르겠다. 뭔가 궁금증이 일면 꼭 소미야바타르 선생님께서 툭툭 쳐서 지명 등 고유명사를 몽골어와 한국어로 써주었다. 그때도 창밖을 향해서 "저건 몽골말로 하루모토라는 나무인데 한국 사람은 흑목이라고 부르면 됩니다."라고 했다. 이럴 때 어떤 한국인이 이리둥절히지 않을까? 부연하기를 "검은 나무라는 뜻이니까 한국에서는 흑목이라고 부르지 않겠습니까?"하는데 나는 침이 꼴깍 넘어갔다. 몽골은 270만의 인구를 가진 나라지만 한 문명의 중심을 이루었던 흔적이 곳곳에서 배어난다. 중국이 농경문명의 중심지라면 몽골은 유목문명의 중심지였다. 그래서인지 아시아의 언어 중에서 유일하게 한자의 영향을 받지 않았다. 국경을 잇대고 민족의 절반을 그곳에 두었으면서도 한자의 어원을 빌리지 않는 나라는 몽골 하나밖에 없다. 그래서 몽골인이 한자어를 어려워한다고 들었는데 소미야바타르 선생님은 '흑목'이라는 낱말 하나로 한자를 안다는 사실과 더불어 한국어가 고유명사를 한자어로 정착시킨다는 사실까지 알고 있었던 것이다. 나는 이분에게 한국에 대해서 혹은 한국

'흑목(하루모토)'이라는 나무.

적 관점에 대해서 설명할 의지를 일찌감치 접어버렸다.

이내 푸른호수가 나타났다. 얼마나 감회가 새로웠는지 모른다. 12년 전 권태에 젖어 살던 어느 날이었다. 서울의 커피숍에서 어떤 선배에게 아직도 지상에는 동물과 사람과 차량이 나란히 걸어 다닐 수 있는 곳이 있으며 한 번 스쳐간 사람을 생애에 두 번 볼 수 없기 때문에 만남을 매우 소중히 여기는 유목민이 있다는 말을 들었다. 나는 강렬한 호기심을 누르지 못하고 결국 몽골을 찾아 칭기스칸의 유적지를 헬리콥터로 답사하는 일행 틈에 끼게 됐다. 여행을 마치고 일간지 한 면을 통으로 차지하여 선배는 그림을, 나는 글을 다섯 차례씩 연재해 주변에서도 한때 몽골 바람이 일었다. 푸른호수는 그때 방문한 곳으로, 내가 지명을 밝히지 않고 분위기만 묘사했던 곳이다.

미지라는 표현을 들먹이고 싶은 숨은 뜻이 있다. 초원을 여러 번 방문했지만 그때마다 대평원의 점 하나를 찍었을 뿐 면에 대한 실감을 가지고 있지 못하다. 더욱 중요하게는 유목의 여백에 가득 찬 인간의 숨결과 삶의 간난을 알지 못한다.

역사적 사실은 분명하다. 대몽골제국 건국지 1189년 테무진이 칭기스칸 칭호를 받고 95명의 천호장을 임명한 곳. 소미야바타르 선생님은 비석을 짚어가면서 "그러니까 기유년이군요. 칭기스칸 탄생 840주년을 기념하여 비석을 세웠다고 써 있습니다."라고 했다. 13년 전에는 아무것도 없었는데 그사이에 공원을 조성하고 당시의 역사적 사실들을 알기 쉽게 표시하여 울타리를 세웠다. 비석에는 전 몽골의 카간이 모였던 장소답게 훗날 칭기스칸의 뒤를 이은 역대 카간들의 비목碑木상을 세우고 소개하는 푯말까지 고급스럽게 설치했다. 보다 심화된 자본주의 사회에서 훈련된 감각으로는 오랜 세월 바람 속에 잠겨 있던 테무진이 남긴 대서사의 흔적이 자연 생태 환경을 떠나 막 관광자원으로 편입하는 중이며 이곳에서 앞으로 어떤 사업이 호황을 누리고 번성하게 될지 뻔히 보이는 것 같았다.

나는 기념비나 공원보다 호수를 둘러싼 기운들에 집착했다. 사실은 쓰려는 소설의 첫 장면으로 점찍어둔 곳이 푸른호수 근처였다. 자무

푸른호수(소년 테무진이 숨어 살 때에는 젖통호수라 불렸다) 뒤에 솟은 것이 검은심장산이다.

카가 말 떼를 몰고 가다가 늑대의 침략을 받을 만한 곳이 있는지, 이 골짜기에 숨어 살던 11살 소년이 자무카를 돕고 의형제를 맺을 만한 곳이 있는지(이것은 구상한 두 번째 형제 결의의 내용) 주변을 휘둘러봤지만 무대가 여의치 않았다. 푸른호수를 빠져나가면 말과 사람과 늑대가 한 무리의 평행선을 그으며 내달릴 만한 곳이 있을까? 그리고 미친 눈보라 속에서 테무진이 그것을 내려다볼 수 있어야 하는데…….

그런데 아주 뜻밖의 수확이 있었다. 소미야바타르 선생님께서 "이곳은 원래 '젖통호수'라고 부릅니다."라며 생김새와 어원을 되짚어준 것이다. 푸른호수는 한참 뒤에 붙은 이름이라고 했다. 호수는 젖 모양을 하고 있는데 위에서 내려다보면 젖꼭지에 속하는 지점이 테무진에게 기념비적인 장소였다. 바로 그 위에 있는 '검은심장'이라는 산 이름에서도 증명하듯이 유목민은 땅의 생김새를 동물의 신체에 비유하곤 했다. 이 단순한 사실이 갑자기 나의 잠든 감각을 깨웠다. 그들은 대지도 동물처럼 활동하는 생명체로 여긴 게 틀림없다.

볕은 아직 따가운데 그늘에 앉으면 바람이 아주 시원스럽게 불어와 금방 한기를 안겨주고 풀들은 한없이 흔들리고 있었다. 발을 뗄 때마다 풀밭에 진동하는 메뚜기 소리, 풀벌레 울음소리. 푸른호수는 그때나 지금이나 파리 떼가 가득했다. 13년 전에 왔을 때는 대기가 온통 파리 떼로 차 있어서 입을 열 수 없었는데 이번에는 그나마 대화는 할 수 있는 정도였다. 하지만 그런 사실이 이곳을 테무진의 장소로 만든 이유가 될 수 있을까? 헨티아이막 다달솜의 소년이 이곳까지 숨어들 만한 자연 지리적 실감을 이방인은 누리지 못하는 것이다.

가령 푸른호수는 유배지를 연상하게 한다. 테무진은 아버지를 잃고 오논강 상류에서 타이치우트 씨족에게 쫓겨 몇 번이나 죽을 고비를 넘긴 다음에 헤를렌강 상류의 한 지류에 속하는 골짜기까지 숨어들었다. 그리고 푸른호수에 은닉해 타르박 사냥으로 연명할 만큼 생존 조건이 열악했다. 나중에 칭기스칸의 칭호를 얻는 선포식을 이곳에서 하는 이유도 자무카의 눈을 피하기 위한 것이었다. 깊은 오지였다는 얘기다. 그러나 이방인의 눈에 푸른호수는 케레이트의 왕이 살던 곳(지금의 울란바타르 일대)에서 멀지 않으며 가히 풍요의 땅이라 할 만큼 물과 나무와 초지가 구비된 땅이다. 왜 이곳이 숨어살 피신처가 될 수 있었을까? 이 같은 의문에 답하려면 몇 가지 복잡한 수를 검토해야 한다. 첫째, 신이 감춰둔 땅이었을 수 있다. 이것은 고원이 넓어서 유목민이 미처 발견하지 못했던 곳이라는 가정에서 나오지만 누구나 그럴 개연성은 희박하다고 답할 것이다. 둘째, 근처에 강력한 케레이트 군대가 있었다. 그런데 당시 군대는 병역 기간을 두지 않았고 유목 활동을 하던 주민들이 직접 전투에 나섰는데도 이것이 가능할까? 셋째, 자연환경에 우리가 모르는 열악한 조건이 있었다. 이를테면 늑대가 들끓어서 인간이 접근하기 어려운 곳이었다든지. 사실은 의외로 파리 떼가 들끓어서 인간이 살기 어려웠다는 것이 답일지도 모른다.

시장기가 찾아와 시계를 보니 오후 1시 30분. 나무 그늘을 찾아서 자리를 잡고 요리를 시작하다가 짐을 다시 꾸렸다. 보호 구역이라 취사가 금지된 곳이었다. 다시 차를 달려서 멀찍이 빠져나오는데 역사학자 갈상 선생님께서 어깨를 툭 치시더니 누런 고무 한 조각을 손바닥에 얹어 보여주었다. 대뜸 만지려 했더니 손을 대는 게 아니라는 시늉을 했다. 천연 껌이라고 했다. 검은나무에서 채취한 것인데 아마도 13세기의 병사들도 씹었을 거란다. 이거다. 나는 바로 이 같은 '거대한 미지의 세계에서 예기치 않게 모습을 드러내는 돌발적인 디테일'을 만나고 싶어서 답사를 따라나섰던 것이다. 이런 갈증은 시간이 흐를수록 충족됐다.

소미야바타르 선생님이 에델바이스를 꺾어다가 최기호 총장님에게 건네면서 "이게 에델바이스. 몽골 말로 차강올. 하얀 솜이라는 뜻입니다. 옛사람들이 왜 애인에게 이걸 선물했는가 하면 언제까지 색깔이 변하지 않기 때문입니다." 그러고는 솜처럼 털이 부스스 일어나는 부분을 가리키면서 "이게 '올'인데 부싯돌로 불을 붙이는데 사용합니다."고 했다. 최기호 총장님이 답하기를 "한국어로 솜다리꽃이라 하니 결국 같은 말이네요."라고 하는데 얼마나 신이 나는지 내가 퍼뜩 "13세기에도 담배를 피웠을까요?"하고 물었더니 담배는 중남미에서 생긴 것인데 임진왜란 때 울산으로 들어온 것이니 아마도 여기까지는 당도하지 않았을 거라고 했다. 언젠가 김호동 교수의 글에서 스키타이 사람들이 대마초를 피웠다는 언급을 읽은 적이 있지만 물을까 하다 그냥 접었다.

사실 나의 관심은 한 명의 유목민이 아니라 그 여럿이서 연대감을 형성했을 때 하게 되는 놀이나 민속 같은 것을 찾는 쪽으로 많이 기울어 있었다. 가령 병사들이 이동할 때 노래를 많이 부르게 되리라는 것은 불을 보듯 환한 일이다. 그렇다면 그 노래는 어떻게 된 것일까? 사람과 사람이 마음을 나눌 때는 시를, 자아가 홀로 세계를 마주할 때는 노래를 부를 거라는 생각으로 당시의 민요를 묻고 그런 장면을 연상하게 하는 소재가 보이면 곧장 메모를 했다. 당연히 소문난 유적보다 토속적 영감을 자극하는 장면에 매혹 당했다. 한 예로 늦은 점심을 몽골 라면으로 대신할 때 소미야바타르 선생님이 식후 소감으로 "남자들의 행복은 초원에서 시작된다. 이건 옛날 속담입니다."고 했다. 내가 얼른 수

첩을 펼쳤더니 몽골어로 적어주고는 조금 전 식사 풍경을 떠올리면서 "조금 조금이라고 하면서 일곱 번을 먹는다. 이것도 옛날 속담입니다." 해서 또 적고 "국물로 배가 부른다, 새끼 양만으로 부자가 된다." 하는 속담들을 소개해 내 손을 바쁘게 만들었다.

　전체 일행 중에 글을 쓰는 직업을 가진 사람이기도 하고 매 상황에서 발생되는 현장 스케치를 놓치지 않고 기록할 태세를 가진 사람이 나리서 장소를 옮길 때마다 내게 메모할 여유를 주는 것이 약속처럼 됐다. 그런데 내게는 확실히 어떤 유형의 유산들을 상당히 편향되게 경시하는 태도가 있었다. 오후 5시 베레웨엔사원을 방문했을 때가 그랬다. 1784년에서 1791년까지 창건해서 라마승 8000명이 공부했다는 이 사

라마승 8000명이 공부했다고 알려진 베레웨엔사원.

원은 한창 공사를 서두르고 있었다. 최근에 복원하고 증축한 것을 기념하기 위하여 8월 15일에 울란바타르에서 12명의 큰 스님이 온다고 손님맞이에 분주했다. 건축 보수공사가 한창일 수밖에 없었다. 초원 곳곳에 흔적을 남기는 라마불교의 사원터들은 칭기스칸의 대정벌 이후 몇백 년에 걸쳐 외세의 간섭과 보복 그리고 해체의 도전을 겪은 시련의 역사를 고스란히 증언하고 있었다. 가공할 아시아의 중세에 대한 근대의 도전이 극점에 달한 것은 소비에트 사회주의의 경험이었을 것이며 아마도 스탈린 정책의 후유증일지 모르지만 거기에는 잔혹하게 학살되고 불태워지는 기억까지 스며들어 있었다. 나는 그런 유산을 만날 때마다 차드라발 로도이담바의 『맑은 타미르 강』에서 라마승들을 풍자한 대목이 떠올라 흥미가 줄어들었다.

초원은 한국보다 해가 길어서 나는 종종 저녁 시간을 가늠하지 못했다. 6시가 넘어가면 산기슭이나 협곡에는 석양이 지고 땅거미가 내려야 하건만 동몽골 초원 지대는 저녁 8시가 되어도 멀쩡할 때가 많았다. 그 속에서 길을 찾아 헤매는 인간 무리에게 쏟아지는 저녁 빛이 얼마나 아름다운지 틈만 나면 어린 시절 들판에 서서 서울로 떠난 누나들을 그리워하던 기억 속으로 빠져들고는 했다. 그때 우리 집에도 가끔 길을 묻는 이방인들이 기웃거리고는 했다. 그런 이방인으로서 우리도 낯선 게르에 들러 길을 묻고 다시 방향을 잡아서 내달리고 했는데 여러 번 묻고 수정한 길이 크게 보면 별로 틀리지 않고 잘 찾아가는 셈이 됐다. 초원에는 정해진 길이라는 게 없다. 모두 감感으로 택하고 물어서

저녁노을에 물들어가는 유목민 게르.

확인할 뿐인데 그래도 유목민에게는 이 같은 초행길이 미지의 세계가 아닐 것이다.

우리가 첫날 묵기로 한 운데르항(내 귀가 계속 이렇게 듣는 것을 소미야 바타르 선생님이 언더르칸이라고 몽골어와 한국어로 직접 써서 수정해주었다)에 도착한 것은 밤 10시. 배가 고파서 식당을 세 군데나 돌았지만 허탕이었다. 컵라면으로 달래자고 호텔로 돌아가는데 도시 풍경이 퍽이나 인상 깊었다. 1980년대의 내 고향 함평을 연상시킨다고 할까? 광활한 어둠 속에서 포근하게 깜박거리는 가로등 불빛들, 24시간 영업이라고 표시된 나이트클럽에서는 시끄러운 음악 소리가 들리고 그 가로등 밑에 젊은이, 총각, 꼬마 아가씨들이 떼 지어 다닌다. 어릴 적 내 고향 마을의 한때처럼 이 밤에도 지구의 한쪽이 그런 밤을 맞으며 저물어가고 있었다.

미지未知 속으로

초원으로 답사를 떠나는 사람들이 재정을 마련하는 일만큼이나 중요하게 생각할 것이 있다면 일행을 조직하는 일이다. 참가자의 개성, 성격, 어울리는 능력은 원정의 성패를 결정짓는 가장 중요한 요인이다. 우리라고 해서 예외가 아닐 텐데 이번에 내가 참가한 학술답사단은 하나의 모범으로 기록해둘 만하다. 떠나는 순간부터 돌아오는 날까지 어색하거나 우울해지는 사례가 한 건도 발생하지 않았다. 여러 사람이 모이면 반드시 있게 마련인 개인적인 시기나 질투 같은 것도 들어설 자리가 없었다. 특히 숙소 배정을 놓고 눈치를 살피는 일도 없어서 밤마다 잠자리가 모자랐지만 다음 날 아침에 보면 전날과 똑같이 상쾌한 분위기가 유지됐다.

나는 한국인이기 때문에 두 사람이 묵어야 하는 방에는 매번 총장님과 함께했다. 연배와 관록에서 차이가 크지만 머리에서 발끝까지 권위주의가 들어설 자리라고는 없는 분이라 공기가 얼마나 편안한지 궁금한 것들을 자유롭게 묻고 들을 수 있는 오붓한 밤을 항상 선사받았다. 그래서 언젠가 총장님이 썼던 책에서 읽은 것에 대한 보충 설명을 듣는 것도 가능했다. 나중에 책을 확인해보니 뒤에 해명되어 있는 부분을 그때는 왜 기억하지 못했는지 모르겠다. 내용이 이랬다.

> 소변이나 대변이 보고 싶으면 몽골에서는 '말보고 싶다(모리하라테)'라고 말한다. 말을 타고 초원 멀리 가서 용변을 보고 오는 데에서 생긴 말이다. 그래서 몽골에서 대변을 '큰말'이라 하고 소변을 '작은말'이라고 한다. 여기에서 유래하여 '큰말'과 '작은말'이 우리나라에 들어와서 고려시대나 조선시대에 그대로 썼고 국어사전에도 올라간 것이다.
>
> – 최기호, 『최기호 교수와 어원을 찾아 떠나는 세계문화여행』 중에서

한국 여성이 초원을 여행할 때 첫 번째로 부딪치는 문제가 이것일 것이다. 광활한 초원에서 오줌이 마려울 때 남자는 대강 돌아서서 소변을 보면 되지만 여자들은 아무리 둘러보아도 몸을 감출 곳이 없다. 그래서 보통 보자기나 양산 같은 것으로 은폐물을 만든다. 이를 유목민들은 말을 타고 나가서 해결했던 모양이다. 그래서 "말보고 싶다."는 말이 생겨났고 그것은 다시 먼 나라까지 떠내려가 "마렵다!"로까지 진화된다. 나는 이 표현을 소설에 쓸 것이다. 좋은 작품이 나와서 "말을 보러 간다!"는 말이 유행어가 될 수 있으면 얼마나 좋을까?

둘째 날 수첩에는 오전 11시라고 기록되어 있다. 어느 유목민 게르에 들러 길을 물었는데 가족들이 따뜻한 수태차를 내왔다. 길을 물으면서 내놓은 사탕 몇 개에 비해 너무 융숭한 대접이었지만 차에서 내려 '작은말'을 보고 몸을 풀었다. 그때 내 눈에 퍼뜩 잡힌 것이 있었다. 게르 뒤로 슬그머니 기어 나온 낯설고 예쁜, 흰색에 노란 띠 무늬가 있는 동물이었다. 신기해서 사진을 찍었더니 '물쥐'라고 가르쳐주었다. 쥐가 저렇게 예쁘다니! 게르에 침입한 것인지 묻자 집에서 기른단다. 감기로 발열이 일어날 때 물쥐를 안고 있으면 열이 내린다고 했다. 까마득한 옛날부터 내려오는 이곳의 민간요법이었다.

다시 길을 떠나고 두어 시간쯤 더 가서 길을 묻고 또 수태차를 얻

게르 뒤로 살짝 빠져나온 물쥐(『조드』에서는 물다람쥐라고 함).

어 마시고……. 어느 게르에서는 수백 년 전의 유목민이 살던 것과 거의 다르지 않는 살림살이를 구경했다. 천창을 '토너'라 부른다는 말을 듣고 제사상을 보았다. 그 곁에 샤먼이 쓰는 북이 걸려 있고 천장에는 책도 꽂혀 있었다. 실내 구조는 거의 모든 유목민의 게르가 관습처럼 동일하게 구성되어 있다. 옛날이나 지금이나 거의 변하지 않은 채 전해 오고 있다고 했다. 그곳에서 왜 '항가르트'라는 새 이야기가 나왔는지 그 정황은 기억나지 않는다. 수미야바타르 선생님께 여쭸더니 비행기처럼 크고 멀리 나는 전설 속의 하얀 새라고 하면서 한자로 붕鵬을 써주었다. 붕새인 것이다. 『장자』에서 읽은 붕새의 전설은 중국의 고유한 것이 아니고 본디 유목민의 것이었다. 한국에서 어느 선배로부터 유목민 신화는 바람을 풍부하게 가지고 있고 그것이 모두 새鳥로 표현된다는 말을 들었던 기억이 나서 물어보니 붕새는 울란바타르를 상징하는 동물이라 했다.

그날 오후 1시 30분 까마귀들이 가득 앉은 바위에서 점심을 맞았다. 솜의 경계인 듯 한국 시골에서 볼 수 있는 모양의 지역 표지들을 보았는데 바위를 보니 역시 12년 전에 와본 곳이다. 기억하기로 안내자가 초원의 화랑이라 불리는 암각화에 대한 자랑을 해 일행 중 화가의 요청으로 들렀다가 암각화는 못 찾고 오래돼 보이는 낙서만 확인하고 돌아섰던 것 같았다. 그런데 이날 자세히 보니 암각화가 꽤 많이 새겨져 있었다. 돌에 글씨가 새겨지면 비석이고 그림이 그려져 있으면 암각화인

칭기스칸 이진에 몽골고원에 살았던 부족들의 두장이 새겨진 바위(약 4000타마그).

데 우리는 주로 비석에 관심이 컸다. 아마도 언어학자들이기 때문일 것이다. 특히 소미야바타르 선생님은 젊었을 때 이곳에서 거란 소문자를 찾아 논문에 발표했다고 한다. 이번 답사의 중요한 목적지 중 하나가 거란 소문자가 새겨져 있다는 보배산인데 그곳은 여기가 아니었다. 이곳은 대중적으로도 많이 알려진 장소로 칭기스칸 이전에 있었던 전체 부족들(약 4000타마그)의 도장이 새겨진 바위가 있었다. 벨레라는 고고학자가 고증한 곳이라하여 일부러 사진을 찍어두었다.

늦은 점심을 마치고 한참 차로 달려서 오후 4시 20분이 됐을 때 돌을 쌓은 성으로 둘러싸인 유적지에 도착했다. 미국 학자들이 답사하여 칭기스칸의 무덤이라고 발표했다는 곳이다. 몽골 학자도 다수가 여기에 동의하지만 몽골 정부는 발굴을 허락하지 않는다고 했다. 최기호 총장님은 전혀 설득력을 느끼지 못한다고 했다. 칭기스칸의 묘소가 되기에는 규모가 너무 작고 허술하다는 것이다. 나도 사실은 그렇게 느꼈다. 『몽골비사』에는 보르칸산에 묻혔다고 되어 있는데 총장님은 신령스럽고 거대한 신이 당시의 과학기술로는 믿어지지 않을 만한 어떤 힘에 의해 층층이 일곱 계단으로 깎인 점을 들어서 역시 그곳이 칭기스칸의 묘소일 것으로 추정된다고 했다.

　오후 4시 50분 사슴돌에 도착했다. 차에서 내리자 메뚜기들의 날개가 부딪는 소리가 찌륵 찌르륵 천지를 메우고 사슴돌 주변에는 인공의 힘을 느낄 수 있는 흔적이 역력한 돌무더기들이 있었다. 돌궐왕의 무덤이라고 했다. 누구인지는 모르지만 꽤 여러 개의 무덤 흔적이 있었다.
　헨티아이막은 13세기 이전의 흔적을 곳곳에 안고 있었다. 그날 밤 우리는 칭기스칸의 탄생지인 다달솜에 닿기 위해 서둘렀다. 다시 석양이 아름답게 깔린 시각에 오논강을 만났다. 오논강은 규모가 크지 않지만 물살이 거침없다. 교량이 없으니 차도 배 두 척을 연결한 목선을 타고 건너야 했다. 차 한 대 건너는 삯이 만 원씩인데 한 회에 한 대밖에 건널 수 없었고 그 한 대도 사공이 얼마나 진땀을 흘려 건넜는지 모른다. 우리 차는 아주 멀리 있는 산부인과 병원에서 아이를 낳아 데려오

오논강을 건너다.

오논강가에 말이 서 있는 풍경에서 우연히 '오논강 여자'를 구상하게 됐다.

는 신혼부부의 오토바이와 함께 건넜는데 다들 호기심 어린 눈으로 사진을 찍었다.

　다달솜에 도착한 것은 한밤중이었다. 칭기스칸 탄생지! 12년 전에 방문했을 때는 그토록 한적하고 평화로웠는데 넷 에움이 깜깜하고 발전기로 전등을 밝히는 것은 같아도 분위기는 전혀 달랐다. 우리가 묵을 밍이 없있다. 올란바타르대학 학술조사단이라고 사정해서 거우 방 하나를 얻어 일곱 명이 들어갔다. 갈상 선생님은 사람들이 들락거릴 때마다 바람이 들이치는 현관 구석에서 자리를 잡고 소미야바타르 선생님은 처음부터 차에서 자겠다고 하여 실내에 들어오지도 않았다.
　휴양소를 차지한 대부분의 관광객은 몽골인이다. 가족 단위로 휴양을 떠나온 사람들을 보니 그 사이의 변화가 실감이 난다. 20세기에서 21세기로 건너올 때 지구촌에서 약 40억의 인구가 세계 시장경제 체제의 일원으로 흡수됐다. 아시아 대부분의 지역에서 가장 문제가 되고 있는 것은 난개발이고 인류의 대부분이 당면한 사회적 문제는 도시화다. 그 여파는 동몽골 초원까지 밀려들기 시작하여 이곳이 시멘트 도시로 둔갑하게 될 때쯤이면 인류는 자연 생태계로부터 영원히 격리될지 모른다. 그때 다가올 것은 '조드'를 훨씬 능가하는 재앙일 것이다. 그런 의미에서 수천 년 이어져온 유목민의 삶도 서서히 종지부를 향하고 있었다. 오던 길에 수없이 목격했듯이 유목민도 곧 없어질 것이다. 왜냐하면 기업형 목축이 이미 초원을 점령하기 시작했기 때문이다. 가축을 길러도 이동할 필요가 없어지고 생태계의 개체수가 무한대로 급증하여 균형이 무너져도 '조드'를 피할 수 있는 형태가 자리 잡는 순간 목축은 더 이상 유목민의 일이 아니라 기업의 일이 된다. 겉으로는 시골이지만 내용은 대기업의 '이윤'적 세포가 되는 것이다. 그렇다고 저지할 수 있는 사람이 있는가? 지구촌의 모든 도시가 사치하고 방탕하면서 지구 생태의 마지막 균형을 위해 유목민만 인내하고 원시적 가난을 유지해 달라고 요청할 수 있는 명분이 있는가? 결국 인간은 늑대보다 '생태 윤리'의 측면에서 열등한 존재로 평가받게 될 것이다.

밤에 바트자야 선생의 전공에 대해서 듣게 됐다. 그녀는 방언 전문가였다. 몽골의 사투리는 네 가지로 나뉜다. 할하, 부리야트, 오이라트, 내몽골. 부리야트는 동쪽, 오이라트는 서쪽(갈묵공화국은 오이라트에 속한다), 할하는 중앙이다. 세계적으로 몽골의 피가 흐르는 사람의 숫자가 1200만 명에 이르는데 모두 네 가지 언어 중 하나와 줄을 대고 있다는 것이 바트자야 교수의 설명이었다.

밤에 다소 불편한 잠자리를 견디고 나자 찬란한 아침이 찾아왔다. 호수는 넓고 곳곳에 소나무 숲이 울창하다. 한 그루도 굽은 나무가 없이 일직선으로 올곧게 뻗은 소나무들의 각선미는 한없이 탐이 난다. 몇백 년씩 묵었을 것이 틀림없는 금강송들은 이곳 다달솜에서부터 백두산, 태백산을 거쳐 경주까지 연결되어 있을 것이다. 그 생태 라인을 따라 얼마나 많은 인재가 탄생했는지 관심을 기울이는 것은 정착 문명의 지식인지 모른다. 나는 풍수지리설에 별로 흥미를 느끼지 못하는 사람이라 탄생지의 터가 어떤 모양을 하고 있는지, 묘지는 어떻게 되어 있는지 등에는 크게 관심이 가지 않았다. 같은 땅에서도 언덕 이쪽인지 저쪽인지에 따라서 명당이 나뉘지 않는가? 그보다는 고향의 정취, 주변 환경, 축적된 문화가 항시 흥미를 당긴다.

다달솜은 아름다운 곳이다. 예수게이*의 전성기 때 태어난 덕에 테무진은 이렇게 좋은 장소를 탄생지로 둘 수 있었을 것이다. 당시 넓고 아름다운 호수가 세 개가 있었다고 분헌에 남아 있다. 지금은 서쪽 호수가 말라서 물이 고여 있지 않다. 테무진이 태어난 곳은 세 개의 호수 중 가운데 호수라는데 총장님은 필시 그 앞에 있는 둔덕에서 탄생했을 것이라고 추정했다. 그리고 그곳의 정취는 큰 인재가 나올 만큼 신성한 느낌이 감돌았다.

전날 우리 차량이 펑크가 난 바람에 건물 유리창이 다 깨진 시골 정비소에서 오래 대기해야만 했다. 솜 소재지는 아주 넓고 곳곳에서 생명력이 강해 보이는 풀 무더기가 자라고 있었다. 소미야바타르 선생님이 설명하시길 풀의 이름은 할가이, 한국어로는 쐐기풀이었다. 이 풀뿌리가 조드 때 유목민을 살렸으리라는 영감을 받아 얼른 메모를 시작했다.

* 12세기 중순 몽골 고원 북중부에서 활약한 몽골족 수장. 칭기스칸의 아버지.

쐐기풀: 툭 쏘는 풀. 유목민들은 '쏜다'고 하지 않고 '태운다'고 하는데 한 번 피부에 닿아서 태우면 일주일씩 통증이 생김. 생명력이 강해서 동몽골 초원 지대라면 아무 데서나 잘 자람. 봄에 새 순이 나올 때는 연한 부위를 꺾어서 사람이 먹고 줄기가 거칠어지면 두었다가 나중에 말들을 먹임. 나물로 요리하기도 하고 전을 부쳐 먹기도 함. 약재로 쓰는데 위에 탈이 났을 때, 또 봄에 피로를 풀 때 복용함. 한국의 익모초처럼 흔하고 유용한 풀로 특히 조드로 어려움에 처했을 때 요긴하게 쓰임.

나는 한참 동안 작품 구상에 몰두하다가 느닷없이 자무카에 대해서 물었다.

"선생님, 자무카를 왜 '세첸'이라고 합니까?"

소미야바타르 선생님은 세첸이란 '현자'라는 말로 '미리 내다보는 사람'을 뜻한다고 하면서 고구려 말로 '차차운'이고 러시아어로 '체첸'인데 최근 러시아 뉴스에 많이 오르내리는 체첸 족이 바로 여기에서 나온 말이라 했다. 공부를 얼마나 했으면 저렇게 동서고금을 자유롭게 넘나들며 근거를 댈 수 있을까 싶어서 슬그머니 물었더니 1950~1960년대 북한으로 유학을 가서 한국어를 배웠는데 스승이 홍명희, 홍기문 부자라 했다. 아하! 하는 탄성이 절로 나왔다.

답사의 첫 번째 주제

아침을 라면으로 때우고 차로 달리고 달려 오후 2시 30분이 되어서야 바양올솜에 접어들었다. 몽골에서도 아주 깊은 시골을 돌고 있는 셈인데 그런데도 어김없이 솜을 만나면 휴대전화가 터진다. 낡고 허름하고 조용한 소재지 한 곳에 위치한 갈상 선생님 댁에 당도한 것은 3시 50분. 사모님의 손길이 한눈에 느껴지는 작은 채소밭, 동유럽 영화의 한 장면처럼 예쁘게 해바라기와 코스모스가 피어서 하늘거리는 사색적인 집이었다. 우리 일행은 울란바타르를 떠난 이후 밥 구경을 못했기 때문에 당근과 오이를 마구 따 먹고 이내 아주 성대한 점심 밥상을 받았다. 답사 일정의 한복판에 접어들어서 배도 불리고 머리도 감고 또 큰말(대변) 작은말(소변)도 보고 열 가지의 채소가 자라는 밭에서 불어오는 상쾌한 바람에 한껏 몸을 말리고 나서야 다시 길을 재촉했다.

초원을 여행할 때 느낄 수 있는 것은 대지의 아름다움이다. 드높은 하늘, 무한한 지평선, 자연스러운 곡선으로 녹아내린 산들, 고원의 대지는 각이 서 있지 않다. 하늘과 땅 사이에서 충돌하는 빛의 춤은 언제나 유혹적이다. 모든 것이 인간화되어 있지 않으며 그것은 인간이 미지와 싸우던 시절의 건강을 돌려준다. 인간의 일부가 21세기에도 여전히 대지(생태계)의 일원으로 생존할 수 있다는 무한한 감동의 증표들이다. 땅에는 건습의 정도에 따라 사막이 있고 초지가 있으며 늪과 호수가 있다. 하늘에는 투명한 얼굴과 엷은 실크의 옷자락과 짓궂은 먹구름 지대가 있다. 대기도 마찬가지.

중간에 자동차 타이어가 펑크 나서 또 멈추었는데 그곳은 모기 떼로 가득 찬 지역이었다. 작은말(소변)을 보는 잠깐 동안에도 모기 떼가 어마어마하게 몰려들어 신체의 외부를 덮어버리는 곳이다. 운전사가 바퀴를 갈아 끼우는 동안 두 사람이 점퍼를 휘저어 모기를 쫓아주었는데도 차가 출발하면서 보니 운전사의 몸이 온통 흉터투성이었다. 모기의 운동장이었던 셈이다. 그런 모기 떼 지대는 몇 시간을 달려도 쉽게 벗어날 수 없었다.

다시 석양이 찾아온 저녁 8시. 먼 구릉 위에 사람 모양의 구조물이 줄지어 있다 싶었는데 다가가보니 우리를 마중하려고 전통 의상을 입은 채 서 있는 솜 측 환영객이었다. 다스발바르솜의 주민위원회에서 교장 선생님과 볼이 붉은 남녀 학생 세 명과 부솜장(부군수) 등. 다음 날 있을 결혼식과 학교 간에 맺을 자매결연 때문이었던가 보다. 차에서 내려 반갑게 인사하고 모기 떼가 아직 가시지 않은 초원에 서서 기념 촬영도 마쳤다. 그들의 친절한 안내를 받으며 우리들의 숙소로 준비된 군청 게스트 하우스로 이동했다. 그리고 맛있는 저녁을 먹으면서 이번 답사의 첫 번째 주제인 부리야트 족 전통 결혼식에 대한 이야기가 시작됐다.

우리가 앉은 장소(군청 식당)로부터 결혼식 장소(신랑 측 집)는 21킬로미터, 신부 측 집은 30킬로미터. 내일 아침에 해가 뜨면 신랑 측 아버

구조물인 줄 알았는데 주민위원회에서 마중 나온 사람들이었다.

지가 신부 댁에 가서 데려가도 되겠느냐 묻고 훔쳐오는데(총장님은 계속 이들이 신부를 훔쳐온다고 표현하는 게 약탈혼의 잔재일 수 있다고 했다.) 그건 원래 전날 밤에 하는 일이지만 변형했다고 했다. 브리핑하는 부군수님은 전직 문화원장이라 결혼식 관련 자료 관리를 도맡고 있었다. 모든 자료는 개인 소유가 아니라 옛 어른들이 물려준 공동의 재산이므로 주민 전체의 동의 없이는 내줄 수 없는 것이라고 했다. 바로 옆 건물에 부리야트 박물관이 있으니 날이 밝으면 볼 수 있다며 다음 날 있을 결혼식 절차를 간단히 소개해주었다. 그리고 다음의 설명을 했다.

부리야트 전통 결혼식은 스무 가지가 넘는 복잡한 절차를 거친다. 이 예절을 정확히 아는 어른은 없다. 특히 춤과 노래가 핵심인데 악보도 없고 춤도 점차 사라지고 있다. 전통 절차를 정통으로 밟을 경우 두 달이 소요된다. 신부가 신랑 집까지 한 걸음 떼고 절하고 또 한 걸음 떼고 절하는 것을 요새 사람들이 어떻게 지키는가? 경제적 부담도 커서 이번에는 현실적인 여건을 감안해 여러 절차를 생략했다. 간소화하지 않고 정통을 지킨 모범 사례는 1975년에 있었으며 마지막 사례는 1985년에 있었다. 그때 정확히 한 달을 걸려서 힘들게 거행된 모든 과정을 울란바타르 시에서 영화로 촬영했는데 당시 녹화된 비디오테이프 두 개를 받았다. 하나는 분실하고 남은 하나를 보관하고 있으나 옛날 소련식 비디오를 지금은 판독할 장비가 없어서 그냥 보관만 하는 실정이다.

대략 이런 설명을 듣고 나서 신부 댁에서부터 사진 촬영을 해도 되는지, 연애결혼인지 중매결혼인지, 비디오테이프를 한국에 가서 판독하고 복사해도 되는지 등을 물으며 다음 날을 기다렸다.

8월 12일 오전 11시. 큰 호수 앞에서 차가 멈췄다. 꽤 부자였는지는 모르겠다. 멀리 보이는, 초원에 있지만 게르가 아닌 정착 가옥이 신부네 집인데 시간이 아직 안 되어서 기다리는 중이었다. 갈상 선생님은 이곳에서 전통 복장으로 갈아입고 무엇을 열심히 적었다. 들여다보니

멀리서 보는 신부집. 초원에서 저 정도면 부자라고 했다.

오늘 각자 봉투를 준비해서 부의하기로 했는데 그 앞면에 축하의 말을 빼곡하게 적고 있었다.

    20분 후 신부 집에 당도했다. 총장님이 신부 아버지에게 인사를 했다. 날씨가 좋은 날 결혼하게 되어서 아주 잘살 것 같다, 우리는 울란바타르대학 학술답사팀인데 부리야트에서 전통 혼례를 올린다고 해서 공부하러 왔다는 이야기를 했다. 신부 아버지는 귀가 어두워 총장님이 가까이에 대고 큰 소리로 말을 해야 했다. 신부 아버지는 알아들었는지 우리를 집 안으로 안내를 했다. 들어가자 큰 음식상이 차려져 있었다. 양고기 칼국수, 각종 과자, 한국의 초코파이도 있었다. 게르 한쪽에 세 명의 여성이 앉아 있는데 가운데가 신부라고 했다. 뜻밖에도 신부의 차림새가 무척 수수했다. 본래 부리야트에서는 결혼한 사람은 화려하게 입고 결혼하지 않은 사람은 소박하게 입는 것이 예절이라 했다. 가난하지만 이들의 예절은 아주 엄격했다. 그때 막 하닥(몽골 유목민들이 신성시하는 푸른 천)을 주고 촛불이 켜졌다. 딸을 달라는 청혼이 이루어진 것이다.

신부는 다신남 씨의 아홉 자녀 중 막내딸로 사범학교를 졸업한 후 교사로 재직 중이라고 했다. 신랑은 울란바타르에 있는 사립대에서 경제학을 전공한 사람이었다. 새신랑인데도 전혀 긴장하지 않고 우리와 인사할 때는 신부 곁에 서 있다가 어느새 바깥에서 이제 곧 처남이 될 신부 오빠들과 어울려 놀고 있었다. 이내 절차가 끝났으므로 말시(오시, 11시 40분부터 2시 40분까지)가 되면 떠난다고 했다. 그 시이에 신부 가족들이 먼저 사진을 찍고 이어서 신부 가족들과 하객들의 기념 촬영, 또 신부 오빠들과 신랑의 기념 촬영, 신부와 자매들의 촬영, 장모와 신랑 신부의 촬영, 조카들과 신부의 촬영을 마쳤다. 분위기가 한국의 전통 혼례와 별로 다르지 않았다. 정오가 되자 신랑 신부가 차에 올랐는데. 이때 장모가 신랑을 불러서 집 뒤로 끌고 가더니 이바지를 해줬다. 신랑이 가방을 챙겨서 차에 오르고 신부 집에서 누군가가 나와서 아이락(마유주*)으로 고수레를 했다. 그와 동시에 차가 떠나자 다들 손을 흔들었다. 그와 동시에 어린아이들이 소리 내 울었는데 정황을 알아서가 아

---

* 말의 젖을 발효해 만든 술. 크림 모양으로 신맛이 있다.

니라 분주하게 뭔가 빠져나간 허전함 때문이었을 것이다. 차가 사라진 곳을 장모가 한없이 바라보고 서 있었다. 어떤 마음일까? 길이 꺾인 곳에서 고정된 눈길이 쉬 돌아올 줄 모른다. 우리는 그 장면까지를 촬영하고 차로 신부 집을 한 바퀴 돌고는 신랑을 따라 빠져나왔다. 신부네 가족들이 우리를 향해서 손을 흔들고 있었다.

12시 55분. 신랑 집에 도착했다. 전통 의상을 잘 차려입은 사람들이 모여 있는 곳을 통과해 신부가 새 집으로 들어간다. 꽤 잘 갖춰진 새 게르인데 신부는 친정에서부터 동행한 두 올케가 이끄는 대로 들어가 옷을 갈아입었다. 우리도 밖에서 서성대다 신부가 큰 집으로 들어가고 나자 따라 들어갔다.

잔칫상에는 양고기 접시, 수박, 사과, 배 등 음식이 가득 장만되어 있었다. 하객들도 모두 자리에 들었다. 술상이 차려지고 수태차, 아이락 등이 나오자 서로 수태차를 권했다. 신랑 아버지를 좌장으로 두 줄로 기다랗게 앉았는데 실내 모양 때문에 대열이 다른 자로 굽어져야 했다.

식이 시작되기 직전 소미야바타르 선생님께서 귓속말로 일러주었다. 몽골에서는 중요한 의례가 있을 때마다 두 가지 음식이 나오는데 하나는 수태차, 하나는 달라흐(양의 등과 꼬리 부위의 고기)로 양고기는 반드시 꼬리가 있어야 한다고 했다. 나중에 하객들이 돌아갈 때 그 꼬리를 나누어주기 때문이다. 접시에는 한국에서도 큰 잔치에 반드시 나오는 이데에(약과)가 있었는데 하객들은 모두 손바닥이 하늘로 가게 하여 접시에 예를 표하고 나서 음식을 먹기 시작했다.

이때 아저씨 한 사람이 일어나서 결혼식이 진행되고 있다고 말하고 한국에서 손님이 와서 동석했다고 소개하자 총장님이 대표로 축하 인사를 했다. 그러는 동안 소미야바타르 선생님께서 할하 족은 고기를 위에서 아래로 써는데 부리야트 족은 칼질을 반드시 아래에서 위로 하는 풍습의 차이를 설명해주었다. 이렇게 거룩한 예식이 진행되는 중인데 어느 시골에서나 볼 수 있는 주정뱅이 아저씨가 들어와서 자꾸 어깨를 부딪치고 말을 걸었다. 심부름을 하던 사람들이 여러 번 눈치를 주다가 안 되겠는지 마침내 데리고 나갔다.

억인들은 긴 탁자 끝에 앉아 있다. 부리야트 예절에 남자는 여자보다 아랫자리에 앉는 게 금지되어 있다는 설명은 전날 미리 들었다. 하객들이 돌아가면서 찬사를 하는데 옛날과 달리 지금은 말들을 짧게 한다고 했다. 그 찬사를 부리야트에서는 두하라, 할하에서는 두가라라 하는데 낱말은 '돌아가는 술'을 뜻한다고 소미야바타르 선생님이 가르쳐주었다. 그때 누군가가 또 일어서서 한국에서 오신 분들을 환영한다고 말하고 술을 마시기 시작하자 다들 고수레를 해줬다.

한쪽에서 신부가 들어오자 어른들의 담화가 시작된다. 맞은편은 신랑 측 어른들인 듯 자유롭게 묻고 올케들이 답하며 웃는다. 신부는 오직 얌전할 뿐이다. 이제 곧 시어머니가 와서 선물을 줄 차례라고 했다. 신부는 선물을 받고 새살림을 차릴 게르에 들어가 차를 끓여왔다. 처음 끓인 차를 시부모에게 드린 다음 시어머니가 차를 잘 마셨다고 선

신랑집의 하객들. 디귿자 모양의 집이라 우측으로 꺾어져야 남자 손님이 보인다. 남성이 여성보다 낮은 곳에 앉는 것은 금지되어 있다고 한다. 거세하지 않은 '종마'를 우대하는 초원의 질서를 닮은 건지 모른다.

물을 주고 나면 그때부터 하객들이 차례대로 준비한 선물을 내놓는다고 했다.

실내가 꽤 넓었지만 사람이 많아 자꾸 어깨가 부딪치는데다 안이 무더워 우리 일행은 곧 밖으로 나왔다. 바깥에는 신랑네 마을 사람들이 앉아 있었다. 친척 아낙네들은 부지런히 음식을 만들어서 안으로 가져다 날랐다. 개도 근처를 떠나지 않고 어슬렁대고 아이들은 커다란 풀포기가 있는 무더기를 놀이터 삼아 깔깔대고 놀았다. 그사이 우리에게도 차례가 와서 신부가 끓인 첫 차를 마셨다. 식사를 권하여 새 게르에 들었는데 그곳에서의 예식 절차가 남아 있는지 신부가 들어와서 아궁이에 불을 피우자 다들 박수를 쳤다. 신부가 국자로 차를 세 번 떠서 붓자 또 박수를 쳤다.

밖으로 나온 후 온 하객이 둘러앉은 가운데 선물 증정식이 진행됐고 기념 촬영도 시작했다. 날씨가 불규칙해서 금방 빗방울이 듣는데 아까 억지로 말에 태워졌던 주정뱅이 아저씨가 다시 와 어느새 우리가 촬영하는 틈새로 끼어들자 온 하객이 참지 못하고 웃음을 터뜨렸다. 꽤 여러 차례에 걸쳐 긴 촬영이 마무리되면서 예식이 끝났다.

시계를 보니 3시 10분. 우리는 다른 일정을 예약해둔 탓에 부랴부랴 달려 시내로 돌아왔다. 지역 학교(몽골의 학교들은 초중고가 통합되어 있다)와 자매결연을 하기로 되어 있었다.

하객들이 선물을 주는 시간.

3시 40분, 학교에 도착하자 그곳에도 우리를 환영하는 잔치가 준비되어 있었다. 이 학교는 오는 10월에 70주년을 맞아 기념식을 한다고 했다. 우리를 맞은 쳉뎀 선생님은 10년째 교장직을 수행하고 있다고 했다. 학생은 600명, 교사는 30명, 기숙사에 든 학생은 150명, 전체 직원은 60명. 동쪽 지역의 중심을 차지하는 학교로 금년에 12학년 졸업생은 34명인데 85퍼센트가 대학에 진학하고 그중 55퍼센트가 국립학교에 들어갔으며 울란바다르내학에노 7냉이 압격했다고 했다. 부리아트 전통이 잘 갖춰진 지역이고 주민 90퍼센트가 부리야트 족이지만 학교에서 부리야트 언어를 가르치는 건 아니라고 했다. 교육부에 그 언어를 가르칠 수 있게 해달라고 요청하는 중이라고도 했다. 총장님은 울란바타르대학에서 부리야트 전통문화를 연구하고 전시하는 박물관을 만들고 싶으며 그를 위해 지역의 협력을 얻고 싶다는 포부를 밝혔다.

일정이 끝나고 물이 너무도 귀해 샤워기에서 물이 쪼르륵거리며 떨어지는 시골 목욕탕에서 몸을 씻고 잠자리에 들었다. 전날도 간밤에 군청 앞에서 싸우는 소리로 밤새 시끄럽더니 다음 날도 아침 7시인데 취기가 덜 깬 사람이 돈을 달라고 행패를 부렸다. 주민들의 표정을 보아하니 통제를 포기한 사람인 듯했다. 도시화가 덜 진행되고 공동체적 연대감이 살아 있는 마을이라면 벌어지는 풍경일 것이다. 초원의 시골에는 이런 예측 불발의 사건이 끝없이 일어나 우리 조사단의 계획과 일정을 무너뜨린다. 문명의 구미에 맞게 그럴싸한 연출을 불가능하게 만드는 이런 상황들 속에서 유목민의 세포가 형성된다. 이런 속에서 칭기스칸 같은 리더십이 형성되려면 어찌해야 하는가? 우리 일행은 아주 유쾌한 마음으로 다스발바르의 아침을 벗어나고 있었다.

    8월 13일 아침부터 비가 왔다. 군청을 떠나자 우리가 다스발바르에 들어올 때 마중했던 자리에서 또 군수님과 교장 선생님 그리고 안내원들이 전송을 하겠다고 기다리고 있었다. 특히 군수님께서는 들어올 때 마중하지 못했으니 나갈 때 노래라도 불러주려고 잠을 설치고 나왔다고 했다. 식전 아침부터 칭기스칸 보드카가 돌고 다들 취기가 올라서 잘 가라, 잘 있으라 떠들더니 이내 박수 소리와 노랫가락이 뽑아져 나온다. 헤어지는 노래 다음에는 부모님의 은혜를 어찌 갚을 것인가 하는 노래가 나오고 이래저래 하다가 벌써 8시 50분이었다. 우리는 술이 덜 깬 상태로 밀이 가장 좋아한다는 갈대처럼 생긴 풀이 한없이 흐드러진 대평원을 가로질러 길을 떠났다. 차가 덜컹거리자 나는 못 마시는 술을 과분하게 들이부은 탓인지 까무룩 잠이 들고 말았다.

계속되는 새로운 지식들

초원을 달리는 차에서 잠을 깨었을 때처럼 황홀한 순간은 없다. 모든 것이 피안이다. 아득한 지평선, 일망무제의 평원, 몇 개의 구릉을 넘고 호수를 건널 때마다 햇살은 따갑고 창밖은 춥다. 길가의 풀들이 한없이 온화한 바람에 한들거리는 정오 무렵, 점심을 먹기로 한 곳은 '옥탐히드'

라는 사원터였다. 300년 전에 800명의 스님이 살던 라마사원이 불타고 파괴된 흔적만 남아 있었다. 20년 전에 사범대학교를 졸업하고 지금은 동물보호협회 활동을 하고 있다는 나착도르지 선생님이 우리를 맞았다. 갈상 선생님과 이종 남매라고 했다. 이내 사원에 대해 설명했다.

행정 구역으로는 바양돔솜. 앞에 보이는 작고 허름한 건축물은 나중에 생긴 것이고 원래의 사원은 일대를 점하는 아주 큰 것이라고 했다. 1938년 사회주의 정부에서 라마교를 부정하면서 사원을 불태우고 불상들을 파괴했다고 한다. 나무로 만든 불상들을 산등성이까지 옮겨다 불 지르면서 스님들을 게르 안에 가두었다가 죽이는 장면을 묘사하면서는 울음이 복받쳐서 설명이 중단됐다. 자신의 삼촌이 큰스님이라 학살 사건의 복판에서 피살됐고 1980년대에는 러시아 광산 회사가 와서 금속 탐지기로 불상을 찾아 러시아로 가져갔다는 것이다. 또 고개를 넘어가면 옛날 왕(다곤 토무르)이 숨어서 전쟁을 했던 흔적이 있는데 그곳에서도 칼과 총이 발견되어 가져갔단다. 이 고장 사람들이 러시아에 갔을 때 당시 군복을 전리품처럼 입고 즐거워하는 사진을 많이 보았다고 들었다 한다. 칭기스칸의 세계제국이 무너진 이래 근대로부터 받은 핍박이며 냉전기에 제3세계가 겪는 슬픔이었다. 1921년 사회주의 국가 수립, 1937년에서 1938년까지 라마교 말살*, 1940년에 언어 교체의

* 라마교는 세계제국이 멸망한 이후 약소국가로라도 살아남기 위하여 정신적 동질감을 형성하려는 몸부림 속에서 생겨난 것으로 몽골 정신사에 아주 깊숙이 자리한 것이다.

순서로 근대 몽골은 해체의 시련을 겪어온 것이다.

이곳이 자연보호구역인 이유 또 들이 동물보호협회 활동을 하는 이유는 희귀식물과 약초, 소멸 위기에 처한 야생동물이 많기 때문이라고 했다. 특히 이곳 약수는 내장에 좋고 간이나 속병을 치유하는 효능을 가지고 있어 인근에서 물을 구하러 많이 찾는다고했다. 설명을 듣는 동안에도 여러 팀이 차로 물을 길어가는 것을 보았다. 나는 차 안에서 먼 산을 볼 때마다 곳곳에 나무의 흰 뼈들이 모여 숲을 이루는 듯한 풍경과 마주쳤는데 자작나무에서 나오는 물을 도시 사람들이 양동이를 가지고 와서 받아다 파는 통에 다 죽어서 그렇다고 했다는 것이었다. 이곳에도 산등성이에 그렇게 구멍이 뚫려서 수분을 잃고 선 자리에서 고사한 나무들이 유령의 숲을 이루고 있었다. 그래서 근처에 사는 열 개 정도의 가족이 모여서 자연보호를 하게 됐는데 현지인이 살고 있는 가옥 한 채를 전시관으로 만들어놓은 곳에 들어가서 보니 신기한 동물과 식물들의 사진이 가득 차 있었다. 나착도르지 선생님은 우리를 데리고 약수터, 사원터, 인근 야산 등을 돌면서 사진에서 보았던 것들을 실물로 보여주었다. 신령스러운 버드나무들, 하얗게 죽어 있는 자작나무들, 약으로 쓰려고 잡아간다는 뱀, 야산에 가꾸어둔 채소밭 등을 보았다. 나는 그렇게 신기하게 생긴, 예쁜 구리 철사를 휘어놓은 것처럼 생긴 그러나 여전히 꿈틀거리고 있는 뱀을 어떤 책에서도 본 적 없었다. 동몽골 초원을 지구에 남은 마지막 생태 박물관이라 평했던 어떤 책이 떠올랐다. 그 복판에 와 있었다. 이곳에 오면 그 모든 것이 아직도 남아

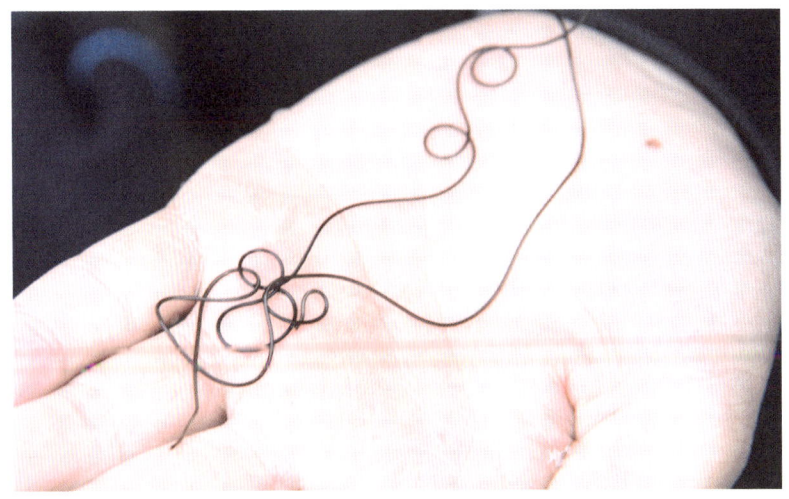
철사처럼 생긴 뱀은 처음 보았다. 끝없이 움직여서 손바닥을 벗어나려 한다.

먹이사슬로 연쇄돼 물의 질서를 이룬다. 지구도, 낱낱의 생명체도 80퍼센트가 물로 이루어져 있다. 그것들이 어떻게 죽어가고 있는지 눈에 보인다. 유네스코가 서둘러서 보호해야 할 지역임에 틀림없었다.

배는 고픈데 오후 2시가 넘어서야 양고기 점심을 아주 맛있게 먹고 엉덩이를 털었다. 그리고 3시 20분. 초원을 다니려면 반드시 차량이 두 대여야 하는 현장에 맞닥뜨렸다. 장마철이라 땅이 파이고 꺼져 웅덩이가 된 지괴가 많았는데 거기에 물이 고이면 작은 호수가 된다. 그 물이 흐르는 곳은 개천이 되는데 비 때문에 갑자기 생긴 깊은 개울을 통과하다가 다 건너지 못하고 그만 시동이 꺼지고 말았다. 한국으로 치면

빗물이 고여 웅덩이가 된 곳에서 차가 빠졌다. 이게 초원길을 두 대로 다녀야 하는 이유다.

차량이 강에 빠지고 만 것이다. 물살은 거세고 앞문을 열면 물이 들어와 차를 쓸고 갈 기세였다. 운전사가 차창으로 빠져나가서 범퍼를 열고 시동을 걸려고 하는데 걸리지 않는다. 소미야바타르 선생님이 뒷좌석에서 운전석으로 건너와 시동을 걸다가 실패하고 처여가 다시 운전석에 돌아왔다. 비상 상황. 인근에 사는 유목민 아이가 말을 타고 와서 이 방인들을 도울 방법이 없는지 지켜보고 있었다. 아직 건너지 않은 2호 차가 아주 먼 곳으로 돌아서 오는 동안 냇물이 차를 순하게 에돌아나가기를 바랄 뿐. 기어이 개울에 들어가 옷이 몽땅 젖었는데도 흙탕물을 잔뜩 뒤집어쓴 차를 빠진 물로 세차하고 있어서 다들 웃었다. 이곳의 자연이 그렇게 만든 것이다. 몽골인들은 위기 앞에서 얼마나 낙천적인지 모른다. 처여뿐 아니라 조교와 나이 든 학자들도 다 그랬다. 한참 후 2호차가 앞으로 와서 로프를 걸어서 간신히 탈출에 성공했다. 개울에서 빠져나온 차에 시동이 걸리자 연통에서 물이 콸콸 쏟아져 나왔다. 차가 이내 검은 연기를 뿜으며 달렸다. 이곳에서는 차도 사람처럼 허약해서는 안 된다.

　4시 20분. 부리야트 족보가 새겨진 바위에 도착하자 봉고차를 타고 어딘가로 이동하던 지역 청년 예닐곱 명이 한꺼번에 몰려와 악수와 포옹을 했다. 솔롱고스에서 오는 중이라고 했더니 악수한 손을 마구 흔들며 인사하는데 술 냄새가 진동했다. 의도적으로 언행을 거칠게 하고 술 기분을 내고 싶어 해 자리를 빨리 떠야 했다. 오지의 토착민에게 이 방인은 언제나 위협적일 수밖에 없다. 낯선 문명을 끌고 들어와 고여 있던 안정을 해치는 자들처럼 느껴지기 때문이다.

　5시 40분. 바양올솜에 닿았다. 소재지가 아직 보이지 않는 등성이에서 차량 두 대가 기다리다가 여러 사람이 마중을 나와서 우리를 반겼다. 악수가 끝나자 한 분이 대표로 나서서 설명을 시작하는데『몽골비사』에 대한 해설을 복사한 유인물을 전한 후『몽골비사』113조를 짚으며 조목조목 읽어 내려갔다. 우리가 서 있는 곳은 테무진이 타타르와 전투했던 장소였다. 자무카, 옹칸과 3자 연합으로 메르키드를 친 것은 도움을 받은 전쟁이었고 타타르를 친 것 역시 금나라의 요청을 받아서 토오릴과 연합한 전쟁이기는 하지만 테무진의 군대가 직접 출동해 대승을 거둔 승전의 출발점이었다. "타타르인은 우리 조상을 밟은 사람들입니다……." 이렇게 읽어가는 동안 소미야바타르 선생님께서 "지금 133조가 끝나고 135조로 넘어가고 있습니다."하고 요소요소 보충해주었다. 타타르는 정면에 보이는 산, 나르토슈텡에서 탑을 쌓고 경계를 섰고 테무진은 호수 뒤쪽에서 공격을 시작해 최후에 저쪽 산에 승리의 깃발을 꽂았다. 그래서 지금까지 그 산을 '깃발산'이라고 부르는 것이다.

바양올솜에서 온 분들은 우리를 치열했던 전투의 흔적이 남아 있는 언덕으로 데리고 가서 자리를 만들고 음식을 차려줬다. 또 양고기 파티를 시작한 것이다. 완전히 내 소설을 위한 답사 같아서 얼마나 황송스러운 일인지……. 설명에 의하면 타타르는 이곳에서 300킬로미터쯤 떨어진 곳에서 살다가 금나라 군대에게 쫓겨서 여기까지 밀려왔고 이곳에서 테무진 군대에게 포위를 당해 최후의 결전을 벌였던 듯한데 테무진은 아마도 사냥꾼이 야생동물을 몰듯 세 방향에서 포위망을 좁혀 섬멸했던 것 같다. 근처에서 화살촉과 창살 등이 발견됐는데 최근 유목민 소년이 주웠다는 화살촉을 가지고 와서 재어보니 내가 사용하는 잘록한 볼펜과 길이가 같았다. 가까운 거리에는 제베 장군이 화살을 만들고 보관했다는 산이 보였다. 이름이 두쉬. 당시 군인들이 돌탑을 쌓고 나무 받침대로 진지를 쌓았던 '망대'에 서서 나는 두쉬 산을 관

테무진이 타타르를 무찌른 장소. 그는 이곳에서 소수로 다수를 포위 섬멸했다(그때 사용한 전술을 나는 『조드』 제1장에서 늑대가 말 떼를 공격하는 작전으로 활용했다). 테무진은 이 전투에서 개별 약탈 금지라는 인류의 전쟁사에 기념비적인 패러다임을 제출했지만 이 전쟁으로 '희대의 학살자'라는 별명을 얻게 됐다. 그의 아버지에게 물에 독약을 타서 준 자의 키가 수레바퀴만 하다 하여 아버지가 훗날 타타르와 싸우게 되면 "수레바퀴보다 큰 사람을 모두 죽여라."하는 유언을 남겼는데 테무진의 참모 회의에서 그 유언을 실행에 옮기는 결정을 내렸기 때문이다. 결국 여자와 아이들을 제외한 모든 어른이 다 죽은 셈이다. 당시에는 부족민 전원이 민간인이면서 군인이었다.

찰했다. 일행 중에 현역 군인이 말을 걸었다. 몽골인은 역사적으로 중요한 땅에 태어났고 선조들의 뜻을 오래 간직할 의무가 있는데 이곳에 대해 소설을 쓴다 하니 부디 그날의 모습을 잘 그릴 수 있기를 기원하겠다며 보드카를 권했다. 고마운 마음에 여러 잔 들이켜 약간 어지러웠다. 취한 김에 내 소설에서 반드시 등장해야 할 무대(테무진이 타타르를 무찔렀던 현장)에서 곧장 한국에 있는 출판사로 전화를 걸었는데 통신이 불안정해 사장님의 목소리가 들렸다가 이내 끊기고 말았다.

숙소로 이동하는 길에 화살촉을 주웠다는 유목민 소년의 게르에 방문했다. 소년은 말을 타고 돌면서 말 떼를 모으는 중이었는데 내가 어릴 적에 성인용 자전거에 오르느라 고생했던 기억이 떠올라 유목민은 몇 살 때 등지에 오르는지 물었다. "부모는 자식을 능자에 오를 때까지만 키우면 된다." 이런 속담을 상기하면서 말이다. 소년은 "기억의 처음부터."라고 답했다. "그것이 몇 살?" 하고 되물었더니 세 살이란다. 일행 중 교장 선생님이 나서서 울란바타르대학에 공식적으로 말馬을 선사하겠다고 했다. 진한 갈색의 암텃인데 건강하고 씩씩해 보여 계속 새끼를 낳아 늘릴 것이 틀림없었다.

어두워져서 갈상 선생님 댁에 도착했다. 어렸을 때 시골 친척집에 방문했을 때 같은 기분이다. 단출한 가족이 사는 곳에 아홉 명의 방문객이 들이닥쳤으니 잠자리가 모자랄 것은 자명했다. 예의 양보 전쟁이 일어난다. 몽골의 젊은 친구들(빔바와 게렐마 등)이 밖에서 텐트를 치겠다고 했다가 소미야바타르 선생님께 꾸지람을 들었다. 총장님의 제안으로 모두 한 방에 들어서 답사를 떠나온 후 처음으로 회식 자리가 만들어졌다. 답사도 순탄하게 마무리되어 가는 중이라 다들 홀가분한 기분이었다. 보드카 병을 돌리면 자연스럽게 장기자랑을 해야 될 분위기가 됐다. 최기호 총장님이 울란바타르대학을 몽골학의 요람으로 만들겠다는 포부를 밝히면서 몇 가지 중요한 내용을 밝혔다. 이어서 갈상 선생님 내외분께 누배도 정했다. 집에서 소미야바타르 선생님이 나의 양반다리가 잘못됐다며 한국의 전통 예법에 맞게 고쳐주었다. 퍼뜩 "나는 아직도 앉는 법을 모른다."로 시작되는 김수영의 시 「거대한 뿌리」가 떠올라서 웃었다.

일행 중 비교적 젊은 여성에 속하는 바트자야 교수 차례가 되자 노래를 잘 못한다며 시 낭송으로 대신했다. 나도 한 사람의 시인으로서 몽골의 시 낭송에 대해서는 시샘하지 않을 수 없다. 2003년이었나? 한몽시인대회 때 밤중에 이동하는 차 안에서 몽골 참가자들이 끝없이 시를 합창하는데 그렇게 아름다울 수 없었다. 당시 말은 못 알아듣지만 시는 알아들을 수 있을 것 같았다.

차례가 바뀌어 소미야바타르 선생님은 음담패설로 좌석을 뒤집어 놓았고 나는 받아 적다가 취중이라 따라가지 못했다. 낮에도 1호차가 이동하는 동안 차 안이 여러 차례 폭소로 흔들렸는데 밤에 보니 음담패설이었던 것 같다. 나도 모처럼 너스레를 떨어놓고는 내 차례가 되자 소년기에 장터에서 즐겨 부르던 〈봄날은 간다〉를 불렀다. 최기호 총장님께서 경상도 사람들은 노래를 못하는 사람이 많은데 전라도 사람들은 저렇게 노래를 잘하는 사람이 많다며 내 고향의 예향 성격을 설명하기 시작했다. 과묵하게 앞장서서 길을 헤쳐 오는 역할만 했던 갈상 선생님도 흥이 오를 대로 올라 장황한 연설을 했다. 그 많은 내용은 다 술기운에 묻히고 나중에 추임새로 붙였던 최기호 총장님의 소감만 기억난다.

"그래서 몽골 대통령을 만났을 때 그분이 『몽골비사』는 몽골인의 가슴을 영원히 고동치게 한다!라고 사인해주었습니다."

그동안 밖에서는 별빛이 부딪쳐서 쨍그랑 소리가 날 만큼 요란하게 빛들의 잔치를 벌이고 있었다. 나는 취해 있었고 대지는 어두우며 밤하늘은 한없이 신령스러웠다. 몽골행 비행기에서 읽었던 어느 아마추어 천문학자의 책 내용이 떠올랐다. 응용하자면 몽골의 별빛이 유난한 것은 크게 세 가지 이유로 설명할 수 있다. 첫째는 지대가 높아서다. 별빛은 달빛의 방해를 받고 또 대지에 흡수되어 분산된다. 그래서 세계적인 천문 관측소는 다 해발 2000미터가 넘는 곳에 있다. 또 하나는 바다나 큰 강에서 떨어져 있기 때문이다. 공기 중에 수분이 섞여 있으면 별빛이 굴절되면서 약해진다. 세 번째는 추운 건조 지대이기 때문이다. 한국에서도 여름 별보다 겨울 별이 더 밝다. 결론적으로 고도가 높으며 바다에서 멀고 건조 지대이기 때문에 별빛이 저렇게 살아 있는 셈이다.

답사의 두 번째 주제

초원을 여행하다가 얼굴을 씻을 수 있는 곳에서 아침을 맞는 것이 얼마나 큰 행운인지 모른다. 7시에 일어나 세수를 하고 큰말(대변)을 보고 8시에 식사해 배부른 상태에서 9시에 지역 학교를 둘러보았다. 기숙사 앞에서 최근에 뉴스의 화제가 된 소년 이야기를 들었다. 부모를 잃고 혼자 사는 소년이 집을 나간 말을 찾아서 먼 산의 숲까지 갔다가 실종된 지 일주일 만에 생환했는데 바로 이 기숙사에서 지내던 학생이었단다. 쳉뎀 교장 선생님은 원시 상태에 고립되어 맞는 생존 상황을 실감 나게 설명해주었다.

이제 답사를 떠나올 때 계획한 마지막 일정이 기다리고 있었다. 운데르항 근처에는 곳곳에 거란 비문이 있다고 한다. 누군가 '보배산'에서 낯선 글씨가 새겨진 것을 봤다는 이야기를 듣고 소미야바타르 선생님이 거란 소문자일 것으로 추정해서 보러 가는 중이었다. 문제는 보배산이 한 곳이 아니라 여러 곳에 있다는 점이었다.

보배산에서 거란 소문자를 찾는 중이다. 나는 이 답사기를 저렇게 앉아서 쓰고는 했다.

보배산까지는 상당히 먼 곳이라 굉장히 오랜 시간 이동해야 했다. 자동차 바퀴가 낡았는지 1호차는 아주 자주 펑크가 났다. 매번 예비 바퀴로 바꾸고 처여가 밤에 해결해두어서 망정이지 예비 바퀴까지 펑크 나는 상황이 왔다면 길은 더욱 멀어질 수밖에 없었다. 가는 동안 내내 거란 소문자에 대해 의문이 있었는데 이야기를 나누는 것을 들으며 해결했다.

문 그 바위에서 거란 소문자가 발견된다면 그 의미는 무엇입니까?

답 거란 대문자는 990년에 창제되고 거란 소문자는 995년에 창제됐습니다. 내몽골 지역에서는 거란 왕릉이 많이 발견되고 소문자 역시 확인됐습니다. 헝가리에 유명한 학자가 있는데 그는 거란 쪽에는 소문자가 없다고 발표했습니다.* 당시 문자 상황을 두 개로 나누어 중국과 가까이 있는 몽골인은 문자를 사용했지만 칭기스칸의 몽골은 문자가 없었던 것으로 발표했습니다. 그것은 몽골의 역사를 어둡고 비관적인 것으로 만들어서 칭기스칸이 성장한 사회는 문맹의 시대라고 보는 겁니다.

문 선생님의 주장은 그렇지 않다는 겁니까?

답 오면서 보았듯이 빈데르에서 우리는 거란 소문자를 확인했습니

---

* 이 초원은 흉노, 거란, 돌궐, 몽골로 이어졌으니 거란 땅에 속한다. 995년에 거란은 헨티아이막 북쪽까지 차지하고 살았다.

다. 여기에 또 하나 1211년 칭기스칸이라 부른 지 15년 됐을 때 몽골에서 고려로 칸의 편지를 보냅니다. 종이, 붓, 먹 등을 요청했다는 기록이 고려사에 나옵니다. 이 두 가지 역사적 사실은 칭기스칸 시대에 문자가 있었다는 것을 의미하기 때문에 당시 몽골에는 글이 없었다는 가설이 고증을 통해 수정되는 겁니다. 흔히 유목민은 글을 몰랐으며 내몽골 지역에서는 중국의 영향을 받았다고 해왔는데 문맹자들이 세계를 다스릴 수는 없었을 겁니다. 터키의 학자도 고려사의 자료를 보고 이를 받아들이게 됐습니다.

이 같은 생각을 고증을 통해 증명한 학자가 바로 소미야바타르 선생님이었다. 듣고 보니 이 또한 칭기스칸 유적지에 속하는 것이다. 나는 소설 속에도 사상가가 한 명 출현해야 되는 게 아닌지 고민하게 됐다.

11시 20분부터 칭기스 왈 헤르멩 길 전설(?) 현장을 답사하게 됐다. 나는 이곳에 대한 설명이 하도 복잡해서 잘 알아듣지 못했다. 답사의 막바지라 많이 지쳐 있었는지도 모르겠다. 하여튼 초원에 600킬로미터의 흙벽이 만들어져서 국경을 넘어서까지 이어져 있다. 소미야바타르 선생님은 우스갯소리로 이를 '몽골의 만리장성'이라 했다. 이 흙담의 용도를 아무도 정확히 설명하지 못한다고 한다. 칭기스칸이 세웠다고도 하고 어거데이칸 시절에 들어섰다고도 하고. 먼저 어거데이칸이 세웠다는 설은 이렇다. 『몽골비사』에서 어거데이칸의 네 가지 잘못을 지적하는데 그 하나가 자유롭게 이동하며 살아야 하는 동물을 남쪽으로 가지 못하도록 인위적으로 막았다는 것이다. 이 흙담이 그 증거물이라고 보는 학자들이 내놓은 설이다. 다음으로 칭기스칸이 세웠다는 설은 이 흙담이 동몽골 초원에서 러시아 국경을 거쳐 바다에 이른다는 점 때문에 생겨났다는 것이다. 왜냐하면 이 코스가 가장 빨리 고려에 닿을 수 있는 길인데 칭기스칸이 고려에서 왕비를 데리고 오면서 햇볕을 가리기 위해 만들었다는 것이다. 그런 설에 대한 소미야바타르 선생님의 태도는 언제나 분명하다. 역사적 사실에 대한 모든 주장은 정확히 근거와 고증을 가지고 있어야 한다는 것이다. 가령 칭기스칸이 위구르문자를 공동 문자로 선포한 것은 역사적 사실이 아니라고 주장한다. 왜냐하면 아직 그것을 증명할 사료가 발견된 적이 없기 때문이다. 다만 18세기 자료로 보면 13세기에 나이만*을 칠 때 포로에게 도장에 대해서 알게 되는 장면이 있을 뿐이다. 어떻게 그것만으로 '위구르문자를 공동의 언어로 채택한 사실'로 삼을 수 있느냐는 것이다.

흙담을 따라가는 길은 정말 몽골의 만리장성처럼 한없이 이어져 있었는데 몇 킬로미터를 따라갔는지 자동차로 한참 가고 보니 사각형으로 된 '망루'가 있었다. 도보로 재어보니 약 45미터에서 50미터에 이르는 정사각형의 둑이다. 이를 몽골어로 '촌지'라 표기한다 했다. 더 깊이 알 길은 없다.

* 10세기부터 13세기에 알타이 산맥 지역과 그 서쪽에서 터키계 유목 민족. 1218년에 몽골에 명망했다.

순례 : 자연 속에 내장된 상형문자들을 찾아서

오후 1시 어느 솜에 들렀는데 박물관은 닫혀 있고 정원에 칭기스 칸이 말을 맸다는 비석이 있었다. 오후 3시 초원에서 비를 피할 길이 없어서 그냥 비를 맞으면서 라면을 끓이기로 했다. 다행히 실비가 더 이상 굵어지지 않았다. 날씨가 춥고 바람이 심했는데 차 두 대를 기역자로 세우고 담요로 바람막이를 했다. 그러다 물이 끓는 동안 빗방울이 점점 굵어져서 라면 그릇에 빗방울이 퐁퐁 떨어지는 소리를 들었다. 이것이 초원이다. 우리는 그 속에서 라면을 맛있게 먹고 나중에는 한껏 운치를 누리며 커피까지 마셨다.

6시 40분 한없이 붉은 혁명당 깃발이 펄럭이는 솜 청사 앞에 다다랐다. 투문척솜이란다. 주변에 나무를 심고 조경을 잘해서 분위기가 꽤 살아 있는 곳이었다. 그 시골에도 여중생쯤 되어 보이는 소녀 둘이 지나가는데 휴대전화로 통화하느라 정신이 없었다. 그 저녁에 우리 답사단은 또 숙소를 찾느라 한참을 헤맸다. 이제 몽골의 시골도 여름철 주말이 되면 호텔을 잡을 수 없는 상황이 됐다.

일곱째 날은 일요일이었다. 8월 15일. 한국은 광복절을 맞았을 것이다. 간밤에 숙소가 모자라서 한국인과 몽골인이 각기 다른 처마 밑에서 자게 됐는데 다음 날 아침에 라면을 먹는 동안에 몽골인들이 양고기 내장을 준비했다고 부르러 왔다. 연일 비가 온 뒤끝이라 날씨는 춥고 길은 곳곳에 웅덩이가 패서 차가 심하게 물벼락을 뒤집어쓰고는 했다.

그날은 아침부터 언어 이야기가 많이 나왔다. 여진과 거란, 또 한글의 특수성이 거론되고 유난히 몽골어의 영향을 많이 받은 제주도 사투

리에 대한 이야기가 화제를 이루었다. 가령 우리가 찾아갈 보배 산을 '에르덴오올'이라 하는데 제주도의 '오름'이 몽골어 차용이며 몽골어로 산 앞은 '어루' 산 뒤편은 '아루'라 한다니 나는 속으로 '그럼 어루만지다의 어루도 그런 걸까?'라는 생각이 들었다. 특히 한글의 원리인 천지인의 탁월한 착상에 소미야바타르 선생님은 경탄했는데 그것은 사실 내가 소설의 바탕에 두고자 하는 몽골 초원의 유목민 사상이기도 했다. 이를테면 유목민들은 술을 마실 때 반드시 하늘과 땅과 사람에게로 고수레를 하는데 그것은 칭기스칸의 행동 양식에도 언제나 전일적으로 체계화되어서 드러난다. 그의 텡그리 즉 '푸른 하늘'이 상징하듯이 염원은 하늘의 것이며 그 허수虛數에 대한 실수實數로서 땅에서 일어나는 현실인 '조드'는 땅의 뜻이다. 『늑대 토템』에 보면 둘을 잇는 심부름꾼이 '늑대'인데 칭기스칸은 마침 '잿빛의 푸른 늑대' 족이니 늑대와 사람을 동일시하면 천지인의 정신이 삶으로 구현되는 것이다.

　우리 일행은 11시 10분 헤를렌강 옆에서 잠시 휴식을 취하고 12시 20분쯤 한자가 새겨져 있는 바위를 찾았다. 소미야바타르 선생님이 본문 아홉 행을 해독하며 연대를 추정한다. 칭기스칸이 테무진 시절에 타타르가 사용했던 금나라 글씨일 거라고 했다. 이제 보배산을 수소문할 수 있는 지역에 접어든 것이다.

　오후 2시에서 3시까지 양고기 내장과 라면으로 점심을 해결했다. 와중에 사진작가 박현주 씨가 음식 준비를 하던 중 눈에 벌레가 들어갔는데 계속 해결이 안 돼서 운데르항으로 나가 병원을 찾았다. 고약한 벌

헤를렝강 옆에서(『조드』의 주요 무대).

레가 눈 안에서 그새 새끼를 퍼뜨렸으니 가까이에 병원이 없었으면 어쩔 뻔했는지 생각만 해도 아찔했다. 13세기 사람들은 이 같은 돌발 상황들을 다 어떻게 해결했을까? 몽골인들의 대답은 간단했다. 예전에는 눈을 다치면 누구나 혀로 핥아서 해결했다는 것이다.

다시 보배산을 찾아 나선 것은 오후 늦은 시간이 되어서였다. 저녁 7시 차가 못 다니는 곳까지 걸어 올라가 거란 문자를 찾았다. 수많은 바위산 중에서 한쪽 면을 택해서 촘촘히 훑어 올라가 처음 발견한 것은

거란 대문자.

거란 대문자였다. 나는 처음에 그것을 한자로 알고 해석해보려다가 그만두었는데 선생님의 설명을 받고 보니 한자와는 상당히 다른 문자였다. 그리고 들여다보면 볼수록 근처에서 암각화도 나오고 거란 소문자도 나왔다. 바람이 지우고 남은 유목민의 중세가 거기에 있었다.

돌아오는 길

답사를 떠나올 때 계획한 일들을 모두 마쳐 홀가분한 마음으로 마지막 잠자리를 찾았다. 지명이 아우락 터승이던가. 역시 숙소가 가득 차서 잠자리를 구하기가 여간 어렵지 않았다. 몇 차례를 이동한 끝에 겨우 여행자 게르를 찾아서 잘 수 있었다.

마지막 날 8시 30분에 일어나 아침을 먹고 길을 나섰는데 뜨거운 햇살 아래 소나기가 퍼붓는다. 한국에서 알면 얼마나 놀랄 일인가? 한없이 트인 땅과 하늘, 그 한쪽에 있는 태양을 비구름이 다 덮지 못해서 생겨난 현상이다. 이내 고고학 연구 센터에 방문해 '쿠두 아랄 박물관'

을 관람했다. 카라코롬 이전 칭기스칸 시대의 수도를 한눈에 느낄 수 있는 좋은 박물관이었다. 2000년부터 일본 학자들이 연구하고 사료를 발굴해 만든 박물관인데 칭기스칸의 '아우라크 시대'가 정확히 언제부터 열렸는지는 밝혀지지 않았다고 했다. 다만 칭기스칸이 출정을 나갈 때 아녀자, 노약자 등을 남겨놓았던 곳인데 규모는 가로가 2킬로미터, 세로가 700~800미터, 총 네 개의 궁에다 쇠붙이로 칼 등 무기를 만드는 곳, 농사를 짓는 곳 등이 있었다. 안내자는 이곳의 기원을 테무진이 칭기스칸이 되던 시점일 것으로 추정하며 이곳이 목축을 하기에 가장 좋은 지역으로 꼽혔던 이유, 또 온돌이 발견된 것으로 보아 솔롱고스도 살고 있었다는 사실 등을 설명했다. 나는 '세르그'라고 하는 '말 지뢰'가 가장 놀라웠다.

박물관 가까이에 『몽골비사』가 완성된 곳이어서 세웠다는 기념비는 12년 전에 방문했던 곳이었다. 다른 점이 있다면 울타리를 치고 관광지가 됐으며 기념 촬영을 하기에 장애가 될 만큼 많은 여행자가 모여든다는 점이었다.

마지막 볼거리라고 생각했

『몽골비사』를 완성한 곳에 세워진 기념비.

던 눈호수에는 1시 10분에 도착했다. 추운데 호수에 몸을 담그고 해수욕을 즐기는 사람이 많았다. 사람의 눈동자처럼 호수 두 개가 나란히 빛나고 있다고 해서 눈호수目湖인데 한 곳은 칭기스칸이 목욕하던 곳으로 몸에도 좋고 물고기도 살지 않으며 한 곳은 여느 호수와 같이 물고기들이 산다고 했다. 멀리서는 흐린 물 같았는데 가까이 가보니 맑고 깨끗했다. 손을 씻어보니 물이 끈적끈적한 게 바닷물 같았다. 물가에 넓게 모래시장이 있고 씻고 나오는 사람들의 눈에 하얗게 염기가 붙어 있다. 아마도 소금물이어서 민물고기들이 살지 못하는가 보다. 자연 안약 역할을 했을 것은 당연했다. 그 주변은 칭기스칸의 방목지였다는데 모기도 없고 겨울에도 초지가 남아 있어서 방목하기에 아주 좋은 곳이라 했다. 그곳이 마지막 방문지였다.

이렇게 학술 답사를 성공적으로 마쳤다. 초원에서는 보기 드문 포장도로를 만나서 돌아오던 중 휴게소에 들러 라면을 준비했다. 휴게소 옆에는 식당을 차려놓고 아직 개점은 하지 않은 빈 가게가 있었는데 주인에게 잠시 빌려서 사용해도 되는지 물으러 갔다가 뜻밖의 행운을 만났다. 주인집 아들이 울란바타르대학을 나왔으며 주인 아주머니도 한국에서 1년간이나 살다 오신 분이라 몽골어로 쓴 간판 한쪽 구석에 알파벳으로 '한강 레스토랑'이라고 표기한 것이었다. 우리를 보고 반갑다고 뛰쳐나와서 쾌적하게 사용할 수 있도록 청소까지 해주었다. 이제 식사를 마치고 돌아가서 저녁 무렵이면 여유롭게 인터넷을 사용할 수 있

을 것이다. 밉지만 편리한 문명의 일상 속으로 무사히 복귀하게 되는 것이다.

저녁 8시 울란바타르에 도착해 선 채로 간단한 해단식을 가졌다.

추신

돌아와서 첫날은 잠을 설쳤다. 이튿날은 종일 자고 깨고 반복했고 셋째 날이다. 아침부터 창밖이 소란해서 문을 열어봤더니 주먹만큼 큰 우박이 내리기 시작하는데 건물 옥상들이 금방 하얗게 변했다. 달력을 보니 8월 18일, 한여름인데 우박이 쌓여서 대지를 하얗게 덮었다. 몽골에 도착하는 날 우연히 해마다 우박이 내리고 일주일이 지나면 눈이 내린다고 들었다. 그에 따르면 올해는 8월 하순이면 먼 산에 눈이 내릴 것이다. 그리고 그것은 빠른 속도로 시내 한복판에 진주한다. 이 돌발 사태를 어찌 하면 좋은가? 몽골의 문화는 이 같은 변덕의 극단 속에서 만들어진 것임에 틀림없다.

팔백 개의 고원

"성을 쌓는 자는 망하고 이동하는 자는 흥할 것이다. -톤유우크"

나, 여기 있어.

지는 햇빛 속에 그날의 바람 소리.
뛰는 말발굽. 천둥 번개처럼 달리고
비와 우박 같이 쏟아지는,
가쁜 숨소리.

아, 새 떼들이 무슨 말을 했는지,
하늘이 어떻게 떨렸는지,
기울어진 햇살이 잔디밭에 누워,
풀들과 나눈 사랑이 얼마나 다정했는지.

그래도 한 차례 미친바람 불고
모래 먼지 지나고
또 비가 뿌렸어.
여기 봐.

그날 죽은 세 마리의 늑대는 작은 언덕이 됐어.
봄가을이 팔백 번을 쉬어 갔지.
수천억 중생들도 홍수처럼 밀려,
옛 세월의 기슭으로 떠내려갔어.

풀들은 해마다 새롭게 자라, 길을 잃었어
용사의 발자국도,
그들을 실어 나른 백마의 발자국도
알아볼 수 없도록 지우고 또 지웠어.

그러나 아직 여기 서 있어.

시퍼런 향기, 그날의 별빛, 차디찬 이슬.
곧 밤이 오고 유목민의 전투가 시작 될 거야.
난 기다리고 있어.
이 피 맺힌 팔백 개의 고원에서,

창작노트:
『조드』를 쓰기까지

암각화에서 이야기를 얻는 법

바위그림의 뒷면

유목민 사적지를 돌다가 헨티아이막의 어느 암벽에서 짐승이 그려진 바위그림을 보았다. 그 주변에는 몇 점의 문양과 기호로 느껴지는 상징어가 있었다. 그림은 '암각화'라 하고 글씨는 '비문碑文'이라 한다는 것은 나중에 안 사실이다.

그러니까 바위에 그림자가 어른거리듯이 희미한 느낌을 주던 것을 내가 더 가까이에서 또 적극적으로 감상할 기회를 잡은 것은 2000년대 벽두였다. 김호석 화백이 어워르항가이 지역 암각화를 답사할 때 동행했는데 암각화는 응달에 있지 않으며 빛의 기울기에 따라 회화적 실감이 달라진다는 설명을 들었다. 이후 몇 차례의 여행을 통해 고원에는 그런 암각화가 셀 수 없이 많고 종류도 다양하다는 것을 알았다. 특히 2010년 8월에 몽골 울란바타르대학의 학술조사단의 일원으로 비문 기행을 하면서 그것이 얼마나 거대한 시차를 두고 있는지 실감하지 않을 수 없었다. 당시에 일행을 이끈 소미야바타르 선생님은 13세기 이전에 몽골고원의 유목민들이 문자를 사용한 흔적을 발굴해 국제학계에 보고한 권위 있는 언어학자다.

암각화를 흔히 초원의 화랑이라고 한다. 바위에 그림이 새겨져 있기 때문이다. 하지만 화랑이라는 비유는 초원을 강조하는 효과를 낳는 반면에 암각화의 상상력이 보다 넓어지는 것을 제약하는 측면도 있다. 암각화는 회화의 조상이자 문자의 조상이기도 하다. 오늘날 감상을 위해 존재하는 순수 예술로서 회화 양식은 암각화가 그려진 시기로부터 수천 년 혹은 수만 년이 흐른 후에 출현한 것이다.

많은 학자가 그런 원시적인 표현 행위가 신화적, 영적 활동의 산물이라고 한다. 가령 업튼 싱클레어의 『힘의 예술』은 인류 최초의 예술가로 '오그'의 아들 '오기'를 꼽는다. 오기는 낮에 들소 사냥을 다녀와서 밤에 축제를 하는 시간에 모닥불 곁에서 땅바닥에 들소의 형상을 그렸다. 곁에서 그것을 훔쳐본 동료가 깜짝 놀라서 두려움을 표시하는데 들소를 그려서 정령을 훔치는 것은 매우 위험한 일이었기 때문이다.

『힘의 예술』에 의하면 암각화는 오기의 후예들이 남긴 것이 된다. 물론 그 후예의 정체를 정확히 규명할 사람은 없다. 수많은 암각화가 도대체 어떻게, 무엇을 목적으로, 왜 그려졌는지, 또 정확한 시기가 언제인지도 분명하지 않다. 그래서 세계 각지의 전문가, 학회 등에서 오늘도 여전히 낡은 가설이 지워지고 새로운 가설이 들어서고 있을 것이다. 하지만 아무리 많은 해석이 출현하더라도 그것이 인간의 삶을 벗어난 것일 수는 없다. 대지의 유구함에 비추어 인간의 삶은 매우 유한하다. 원시인이라고 해서, 그 짧은 동안에 겪게 되는 적막과 소란, 두려움과 위안, 출생과 이별의 경험을 그냥 지나치지는 않았을 것이다. 수많은 암각화는 오히려 그런 기억의 산맥을 간직하기 위해서 출현했다고 볼 수 있다.

어떻든 암각화가 가장 오래된 '스토리 뱅크'의 하나라는 점은 의심한 바 없다. 21세기를 서사와 디자인의 시대라고 한다면 암각화는 엄청난 미래 자원에 속하는 문화유산이 된다.

가장 오래된 '스토리 뱅크'로서의 암각화

고원의 암각화를 하나의 스토리 뱅크라고 하려면 당연히 그곳에서 수많은 이야기를 얻을 수 있어야 한다. 그를 위해 그것이 신화적 상상력의 산물임을 아는 것은 매우 중요하다.

암각화에서 느껴지는 원시시대 정서를 신화적 사고라고 할 때의 신화는 구비문학의 한 장르를 지칭하는 말이 아니다. 원시 인류의 지력, 사유, 정신 활동의 특징은 통합적이라는 데 있으며 그것은 근본적으로 우주에 대한 인식 자체를 기초로 한다. 자연과 사회의 다양한 현상을 예술적 상상력을 동원해 표현한 '통합적 사유'의 신화들은 원시인의 일상, 사회 생활, 문화 활동을 조정하는 역할을 했을 것이다.

그곳에서 유목의 틀은 어떻게 구축됐는가? 암각화는 이 '틀'을 형성하는 지적, 문화적 활동의 소산이었다. 유목민은 목초지를 확보하는 것이 중요하기 때문에 초원에 넓게 흩어져서 이웃을 지평선 바깥에 두고 사는 게 좋지만 흩어서 살다 보면 고립의 위험을 피할 길이 없다. 그래서 다시 모여 든다면 이번에는 큰 나무의 그늘에서 작은 나무들이 햇볕을 쬐지 못하는 것 같은 내부 소외 현상이 일어난다. 사람이 그늘 때문에 죽는 건 아니지만 그래도 일상의 삶이 전투가 되는 걸 피할 길이 없다. 그러한 조건에서 빚어지는 일이 조드(재앙), 전쟁, 사냥, 목축, 제전 등이었다. 암각화는 주로 그런 일들과 연결되어 있었을 것이다. 또한 그 형상은 유치하고 조악한 표시(혹은 기록)가 아니라 분석적 사고의 방해에 휘말리지 않는 천재의 영감에서 비롯된 것이며 우주의 깊숙한 비밀에 접근하는 것으로 보인다. 그와 같은 신화성, 영성을 띠는 세계 인식을 예술을 통해 확인할 수 있다.

　　소월 형
　　지용 형
　　당신네들 어렴풋이 알았을 거요
　　인류 맨 처음의 언어가

아아
이었던 것

블레이크 형
횔덜린 형
당신네들 어렴풋이 알고 있었을 거요
인류 맨 마지막의 언어가
아아
이리라는 것

지금 내 머리 위에서
어미 아비 없는 푸른 하늘
어미 아비 없는
아아
아아
이 막무가내의 아아 들이 나에게 펄펄 내려앉고 있소
저 하늘의 마지막 손수건인가 보오

― 고은, 「눈 내리는 날」

암각화의 내용들은 시 속의 '아아!'에 속하는 것일 수 있다. 문제는 그 '아아!'들 속에서 현대에도 여전히 의미 있는 스토리를 어떻게 찾아

낼 것인가 하는 점인데 두 가지를 고려할 필요가 있다고 본다.

하나 암각화는 형상 언어로 되어 있다. 인간의 감정에 속하는 것은 대부분 모양을 가지고 있지 않다. 사랑, 절망, 공포의 모습을 본 사람은 없다. 마찬가지로 '용기 있는' 늑대 족과 '겁이 많은' 사슴 족이 외형적으로 어떻게 다른가 하는 것도 형상을 가지고 있지 않다. 하지만 세상을 끌고 가는 것은 이렇게 추상적 개념에 속하는 것들이다. 암각화는 오히려 그런 추상적 것들을 말하기 위해서 바위에서 숨 쉬고 있을 가능성이 크다.

유목민들은 13세기에 이르기까지 개념어를 사용하지 않았다. 『몽골비사』에서 자무카와 테무진이 공동 유목을 하다가 결별하는 장면은 당대 역사를 복원하는 일에서 아주 중요한 위치를 점한다. 소위 '이동로에서의 결별'이라는 '대사건'의 원인이 되는 언어는 당시에 자무카가 "말을 치기 위해 산에서 설영하자. 양을 치기 위해 골짜기에서 설영하자."고 말하면서 시작됐다. 테무진은 이 비유가 무엇을 지칭하는지 알아듣지 못해 어머니와 아내에게 자문한 끝에 결별을 선택한다. 몽골 학자들은 이 말뜻을 찾기 위해 오랫동안 논란을 이어왔다. 그 많은 논쟁에 참여한 학자들 중에서 자무카의 말을 액면 그대로 양이나 말에 대한 이야기로 해석한 사람은 없다. 혹자는 자무카가 테무진에게 권태를 느껴 갈라서자는 말을 했다고 보고 혹자는 다음 계절에 머물 곳을 선택할 문제를 놓고 유목민 사이에 나누는 일반적인 말을 던졌다고 본다. 또 혹자는 머물 곳을 선택할 때 가난한 평민과 귀족들의 이익을 각각 보호

하려는 대립어라는 등으로 해석하기도 한다. 암각화에 새겨진 그림들도 얼마든지 그럴 수 있다.

둘, 암각화의 언어들은 대지와 연결되어 있다. 몽골의 암각화는 조형 언어의 방법적 측면에서 매우 각별한 느낌을 준다. 피사체의 형상은 대개 선으로 되어 있는데 점이나 면의 그림이 없는 것은 아니다. 인류의 회화가 언제부터 면을 그릴 수 있었는지는 모르겠다. 그냥 고대 기법의 하나로 볼 수도 있지만 그렇다고 해서 선에서 오는 각별한 느낌을 상쇄할 수 있는 건 아니다. 왜냐하면 그것이야말로 초원을 여행하다가 해 질 녘에 등성이를 바라보는 인상 깊은 기억을 되돌려놓는 작용을 하기 때문이다. 등고선에 동물이 얹힌 모습은 마치 암각화에 새겨진 동물 그림 같다. 초원을 이동하던 중 꽤 여러 사람에게 해 질 녘 등성이에 얹힌 동물들을 바라보면서 "암각화 같지 않아요?"라고 물어보면 대부분 그렇다고 대답한다. 조선의 산수화가 세계를 '위에서 내려다보기'를 하고 있다면 몽골의 암각화는 '밑에서 올려다보기'를 하고 있는데, 암각화의 선에서 그런 느낌은 특별히 강렬하다.

암각화에 이렇게 대지의 그림자가 드리워져 있다고 보는 이유는 그 세부 내용 때문이기도 하다. 몽골고원은 크게 세 가지 지대로 구성되어 있다. 하나는 삼림지대고 또 하나는 초원이며 마지막 하나는 사막이다. 삼림지대의 사람들이 사슴을 타고 다닌다면 초원에서는 말, 사막에서는 낙타를 타는 예가 많다. 암각화는 세 지역의 모든 곳에서 발견되지만 삼림지대인가 초원인가 사막인가에 따라 등장하는 동물의 종류가 달라진다.

 이 같은 차이는 현대인에게도 그대로 영향을 미친다. 농경민의 상상력과 유목민의 상상력은 크게 다르다. 한국의 작가들이 농경문명을 벗어난 지 오래인듯이 몽골의 작가들도 대부분 유목 문명을 떠났다. 하지만 도시에서 사는 현대 작가들도 아주 쉽게 "낙타가 물을 마시러 오듯이 전봇대가 마을로 걸어오고 있다!"고 표현한다. 낙타가 물을 마시기 위해서 혹은 해가 져서 마을로 돌아오는 풍경을 보지 않은 사람에게는 설명할 수 없지만 그것을 보면서 자란 사람들에게는 '모골이 송연'할 만큼 실감을 준다고 한다. 실제로 인용 구절은 꽤 긴 소설 속에 끼어 있는 한 문장이지만 아무 약속이 없이 읽은 독자들도 모두 기억한다.

유목 문명에서 파생된 인식의 도구들

 암각화 이야기는 오늘날 실용적 용도를 갖지 못하는 과거사의 어떤 것으로 받아들여지는 예가 많다. 그러나 암각화와 관련해 스토리텔링이라는 용어를 사용하는 사람들에게는 암각화를 '문화 콘텐츠'로 받아들이려는 태도가 숨어 있다. 암각화 이야기가 우리에게 무엇을 줄 것인가? 유목민적 상상력이 현대의 삶을 해석하는 도구로서 과연 유용한가? 이것은 스토리텔링이라는 용어를 사용하는 사람들이 답해야 할 몫이다. 지금 이 순간에도 우리는 유목 문명에서 파생된 인식의 도구들을 사용하고 있다. 그것이 애용되는 예를 편의상 진, 선, 미 세 가지 영역으로 나누어서 살펴보겠다.

　하나, 종교적 사유의 예는 『성경』에서 찾을 수 있다. 기독교도들은 '주는 나를 기르시는 목자고 나는 주의 어린 양'이라고 한다. 농경민이 흔히 상상하는 목동은 양떼를 몰고 나가서 해가 질 때까지 피리나 부는 존재로 인식되지만 실제 목자는 그렇게 한가할 수 있는 사람이 아니다. 식물을 재배하면서도 "곡식이 주인의 발소리를 들으며 자란다."고 말한다. 뿌리가 아닌 다리를 가진 가축은 더 말할 것도 없다. 힘이 센 놈과 약한 놈, 영양 상태가 모자라는 놈과 남는 놈을 일일이 가려서 매일같이 조정하지 못하면 대부분의 가축은 엄혹한 자연환경을 이기지 못하게 되어 있다. 가축은 이동할 때조차 주인의 모습이 보이지 않거나 목소리가 들리시 않으면 두려움 때문에 발을 떼지 못한다. 그중에서도 양은 주인에 대한 의존도가 심해서 마지막 죽음조차도 거부하지 않는다. 목자에게 양은 모든 근심과 번민의 이유다. 겨울 조드를 견딜 수 있도록 살이 찐 양의 뒷모습을 보면서 아름답다고 생각했던 사실은 매우 상징적이다.

　둘, 과학적 사유의 예로 들 수 있는 것은 '공유지의 비극'이다. 오늘날 집단행동을 설명할 때 단골로 언급되는 '공유지의 비극'이라는 용어는 생물학자 가렛 하딘이 만든 것으로 개인에게 집단의 선에 피해를 입힐 동기가 주어져 있는 상황을 가리킨다. 자신이 공동 소유로 된 목초지에서 양을 키우는 양치기 중 한 명이라고 가정해보자. 목초지를 비옥한 상태로 유지하는 것은 누가 봐도 모두의 이해관계에 부합되는 일이다. 그러려면 각자 자기 양들이 풀을 너무 많이 뜯어 먹지 않게 조절해야 한다. 모두가 욕심을 부리지 않는 한 모두가 이익을 본다. 그런데 이 시스템에는 한 가지 문제가 있다. 양을 시장에 내다 파는 건 모두가 아니라 바로 소유자 개인이라는 점이다. 양치기 개인의 입장에서는 양들을 최대한 통통하게 살찌우되 드는 비용을 최소화하고 싶을 것이다. 각자 양들이 풀을 적당히 먹게 조절하면 모두에게 이익이지만 풀을 공짜로 최대한 많이 뜯어 먹을 수 있게 내버려둔다면 불로소득을 얻게 된다. 그런데 불로소득이 파괴적인 전략이라는 것을 다른 양치기들도 깨달을 수밖에 없다. 만일 그중 한 명만이라도 풀을 많이 먹이기로 한다면 누군가가 착한 일을 한 것이 결국 다른 사람만 돕는 꼴이 될 수 있다. 풀을 과도하게 먹이지 않겠다는 결정은 다른 사람도 모두 같은 결정을 내린다는 것을 전제로 하는 것이라 지켜지기 매우 힘들다. 양치기들 중 한 명이라도 자기 양들을 목초지에 한 시간 더 오래 있게 내버려둔다면 그때 보여줄 수 있는 힘이란 똑같은 방법으로 보복하는 것밖에는 없다. 이것이 바로 공유지의 비극이다. 모두가 자제하면 공동의 이익을 본다는 점에는 동의할 수 있지만 개인의 동기는 그 결과를 거스르는 쪽으로 향한다.

셋, 미학적 인식의 예를 '초식계 인간'에서 볼 수 있다. 초식계라는 것은 원래 연애를 기피하는 현상 때문에 급조된 일본의 속어다. 말하자면 초원에 양 떼가 잔뜩 흩어져 있는데 서로에게 아무런 관심도 없고 모두 자기의 풀만 묵묵히 뜯고 있는 장면을 상상해보라. 어떤 양도 눈앞의 풀 이외에는 간섭도 하지 않고 흥미도 갖지 않으며 관계도 맺지 않는다. 당연히 책임도 질 이유가 없다. 어찌 보면 불감증적 '자기 완결형'이다. 따라서 요즘의 젊은이 중에 그런 특성을 가진 사람이 많아서 남을 간섭하지도 책임지지도 않기 위하여 이성에게 무관심해지는 것을 초식계 남자(초식남)라 부르게 됐다. 생각해 보면 마음이 여려서 초식계가 되는 것은 아니다. 그것은 누군가가 귀찮은 사태나 갈등을 신중하게 피하려고 해서 생겨난 것이다. 그러니 그것도 평화라면 평화다. 하지만 모두가 하나같이 그렇게 되면 점점 무기력해지면서 지루하고 뭔가 부족한 것처럼 느껴지기 시작한다. 그 결과 육식계인 사람이 상대적으로 매력적으로 보이기 시작한다. 최근 한국 사회는 초식계 사람들이 육식계에게 매력을 느끼기 시작한 것처럼 보인다.

암각화의 문화적 가치

암각화는 양의 측면에서 그리스 로마 신화와 비교가 되지 않는다. 내용도 압도적이지만 표현형식도 비교할 수 없이 풍부하다. 뿐 아니라 암각화는 우리를 오래된 시간 속으로 끌고 들어간다. 현대 예술이 어떤 미학적 질서를 세우기 위하여 삶의 장면을 '오려 붙이기' 한다면 암각화는 거꾸로 '끌고 들어가는' 것이다. 더욱이 이것은 고원에 매장된 엄청난 양의 지하자원처럼 아직 발굴되지 않았고 소모되지도 않았다. 그곳의 지하자원을 둘러싸고 미국, 중국, 러시아, 남한 그리고 북한이 모여드는 것처럼 유목민의 신화 자원을 둘러싸고도 세계의 지성들이 촉각을 곤두세울 가능성이 크다.

아프리카에서는 노인 한 명이 사망하는 것은 한 개의 도서관이 불태워져 없어지는 것과 같다고 하는 말이 있다. 인류 문명이 대지를 잃어가는 속도는 너무도 빠르다. 인간의 사유는 크고 넓어진 것이 아니라 미궁에 빠져 헤어날 줄 모른다. 신체의 수명은 길어지고 인식의 크기는 작아진 것이다. 거기에서 오는 문화적 재앙에 우리는 무척 둔감하고 게으르다.

"오늘날에는 자아에 조금만 상처나 고통이 가해져도 그것이 영원한 중요성이 있는 것처럼 현미경을 대고 검토한다. 예술가는 자신의 고독과 주관 그리고 개인주의를 거의 신성시한다. 그래서 우리는 마침내 거대한 하나의 펜 속에 모여 다른 사람의 말에는 귀 기울이지도 않고 우리가 서로를 질식시켜 죽이고 있다는 것을 깨닫지도 못한 채 우리의 고독에 대해 푸념하고 있다." 잉그마르 베르히만이 한 말이다. 이 같은 '미(Me)밀레니엄'의 늪에서 벗어나기 위해서 인류는 열심히 아시아적 상상력과 신화적 상상력을 갈구하고 있다. 몽골의 암각화들은 여기에 아주 훌륭한 역할을 하게 될 것이다.

『조드』를 인터넷에 연재하면서

아시아의 중세를 그리고 싶다

'미지'라는 말처럼 광활한 표현은 없다. 단지 어떤 곳을 가보지 않았거나 낯설다고 해서 미지의 세계라고 말하지는 않는다. 미지란 일상의 언어와 눈길과 정서로는 도달할 수 없는, 문화적으로 아직 정복되지 않은 곳을 가리킨다.

나는 지금 미지의 복판에 와 있다. 지난(2010년) 8월 2일 밤 혼자 비행기를 타고 울란바타르공항에 내려 그 다음 주부터 초원을 들락거리기 시작했다. 말도 안 되고 겁이 많은 사람이라 도시는 무서운데 초원은 왜 고향 같은지 알 수 없다.

오래전부터 13세기의 유목민을 소재로 골방 같은 유럽의 중세가 아니라 광활한 초원의 중세를 그리고자 꿈꾸었다. 13세기라면 칭기스칸의 시대며 내가 쓰고자 하는 이야기에서도 그가 중심에 놓일 수밖에 없다. 그런데 애써 '13세기의 유목민', '아시아의 중세'를 그리겠다고 말하게 된다.

사실 한 영웅을 따라가는 전쟁담을 쓰려고 내가 몽골에 온 건 아니다. 전쟁 영웅 서사는 많고 나의 가치관은 그런 일에 배치되며 또한 자질도 능력도 미치지 않는다. 대지의 아름다움, 삶의 참혹함, 유목민은 전쟁을 꼭 해야 하는지, 세계사는 왜 그들의 역사를 감추는지, 나는 이런 걸 겪는 개인의 영혼을 그리고 싶은 것이다. 그리고 이걸 과거가 아니라 철석같이 21세기의 이야기라고 믿고 있다.

몽골 속담에 시작이 좋으면 끝도 좋다는 말이 있다. 마침내 원하던 기회를 맞았으나 13세기 유목민의 사생활에 접근하려는 순간 너무 겁 없는 도전을 했구나 싶어서 소름이 돋았다. 길잡이가 되어준 많은 이름이 생각난다. 스키야마, 김호동, 박원길, 유원수, 이안나, 체렌소드놈, 이평래, 장동, 로도이담바…… 띠오르는 이름들을 막지 않고 나두면 어쩌면 밤을 새울지도 모른다. 나중에 한 구절, 한 구절을 예로 들면서 그런 이름들을 거명할 기회가 온다면 얼마나 좋을까?

『조드』를 구상하기까지 상당히 멀고 복잡한 길을 걸었다. 오래전에 남긴 발자국 몇 개를 확인하는 것이 순서일 것 같다.

내가 처음 초원을 순례한 것은 1999년이다. 수묵화가 김호석 선배와 동행했는데 둘이서 글과 그림으로 일간지 한 면을 채우기로 하고 떠난 여행이었다. 어떤 분의 도움으로 당시 몽골에 네 대밖에 없다는 헬리콥터 중 한 대에 끼어 앉아 동몽골 초원을 돌았다. 어지간한 전문가도 가보지 못한 곳들을 또 몽골 역사문제연구소 부소장의 설명을 들으면서 답사했는데 첫 페이지부터 마지막까지 빼곡하게 메모한 수첩은 지금 어디에 있는지 모르겠다. 한국에 돌아와 보니 기행문을 청탁한 신문사에서 사정이 생겨(담당자가 부서 이동을 했던가 정확히 기억나지 않는다) 신문사를 바꾸게 됐다. 개인적으로 구독하던 신문에 게재하고 싶었는데 지면을 얻지 못했다.

　기행문은 신문사에서 반향이 상당히 크다는 평을 받아서 1회로 끝나지 않고 다섯 번이나 연장 게재됐다. 나중에는 아예 정기적으로 연재할 것을 요청받았는데 화가가 그림을 그렇게 많이(일주일에 한 점씩) 그릴 수 없다고 하여 중단됐다. 독자의 반향은 컸지만 가까운 지인들에게 두 가지 이유로 질책을 받았다. 하나는 게재 지면에 대한 거부감이고 다른 하나는 글의 내용이 침략자의 나라를 미화한다는 것이었다. 여기서 첫째 이유는 쉽게 이해됐지만 둘째 이유는 가슴을 얼마나 미어지게 했는지 모른다. 이 답답한 편견을 어떻게 해야 깨뜨릴 수 있을까 해서 인터넷에 나오는 질 들뢰즈에 대한 글들을 찾아 읽게 됐다. 이것이『조드』를 향한 긴 여정의 첫발이었다.

　초원 여행은 이상한 중독성을 갖는다. 나는 기억한다. 무릎 닿는 풀 한 포기 없고 그늘이 되어줄 나무 한 그루 자라지 않으며 마른 목을 적실 물 한 모금 없었던 유목민의 대지! 끝없는 평원 위에 영하 50도의 추위와 맹렬한 더위만 교체되는 막막한 장소에 닿는 순간 나는 대번에 루소가 말한 "자연으로 돌아가 버린" 느낌이었다. 고독한 영혼을 위무할 꽃향기도, 수고로운 육신을 쉬게 할 숲 그늘도, 대지에 뿌려놓고 생명의 육성을 기다릴 씨앗 한 톨 존재하지 않는 광야에 서면 정착 사회에서의 오만은 순식간에 사라져버린다. 돈을 조금 가졌다고 해서, 섬섬옥수의 경쟁력으로 주변의 사랑을 조금 받는다고 해서, 또 명민한 두뇌로 영장류의 능력을 조금 발휘한다고 해서 무슨 소용일 것인가? 문명계에서 한 번도 의심하지 않았던 생존 수단들이 하나도 먹혀들 것 같지 않은 한계 상황에 처하는 것이다.

초원에 닿으면 사라진 고향을 되찾는 느낌을 벗어날 수 없다. 대지의 원초적 향기가 코끝에 닿을 때마다 내 몸에서 흩어져 간 동물적 본성이 하나씩 되돌아온다. 그것은 오랫동안 시를 쓰지 않던 내게 자주 시를 쓰게 했다. 두 번째 방문했을 때인가? 우리가 문학소년 시절에 활동했던 신대철 시인이 오랫동안 절필했다가 초원에 와서 다시 시를 쓰게 됐다는 소식을 듣고 나에게만 생기는 현상이 아니구나 싶었다. 초원을 찾고 시를 쓰고 생각에 잠기고…… 이런 사춘기적 상태는 필연적으로 어떤 '미의식의 발동'으로 이어질 수밖에 없었다.

내가 머나먼 유목민의 게르에서 발견한 충격적인 것 중 하나는 그들의 얼굴에 드리운 '대지의 그림자'였다. 어릴 때 전학 온 서울 소녀의 얼굴에서 읽은 '문명의 그늘'과는 정반대 쪽에 있던 것. 천부적 촌놈 기질이 자꾸 그런 것에 대한 호기심을 작동시켰는지 모른다. 그 무렵 영화 〈아름다운 시절〉의 이광모 감독을 만난 자리에서 "이산離散 영화 안 찍으세요?" 했더니 "그 시절의 얼굴을 찾을 수 없어요."라고 답한 것을 이어서 인간의 얼굴에서 사라진 것들에 대해 꽤 긴 이야기를 나누었던 기억이 난다.

얼굴은 지상의 거울인지 모른다. 삶의 풍경에서 사라진 것은 거울(얼굴)에서도 사라진다. 그런 의미에서 문학에 느끼는 고마운 것 중 하나가 내면의 풍경을 보존시킨다는 점이다. 생텍쥐페리의 『어린 왕자』는 내가 20세기의 마지막 해 가을에 고비의 거대한 모래 산 너머로 지워져가는 황혼의 맨 끝자락을 보면서 너무도 안타까워 발을 동동 구르던 마음을 절묘하게 크로키하고 있다. 모르겠다. 그 자리에서, 무엇에게인가 젊음을 바치고 실패한 사람들에 대한 생각이 왜 그리 많이 났는지. 그때 붙들고 있을 것이 이미자의 〈황혼의 부르스〉뿐이었다면 어쩔 뻔했지. 생텍쥐페리는 전시 비행사로 정체불명의 사막에 불시착한 적이 있다. 훗날 인간이 지구의 풍경을 되찾아야 할 때 『어린 왕자』는 아주 중요한 이정표가 될 것이다. 그런 충동으로 나는 자주 『어린 왕자』 이후에 만날 이정표를 세상 어딘가에 남겨두고 싶었다.

초원에 들어서는 순간 우리는 불가피하게 '13세기의 우주'였던 '팍스 몽골리카나'와 만나게 된다. 그곳에 늑대와 말과 유목민이 상기하게 하는 거대 서사가 있고 그 안에는 인류가 가지 않은 또 다른 문명이 실재하고 있었다. 그런데 나는 왜 그토록 집요하게 고원에서 '인간의 일(역사)'만은 빼놓고 생각하려고 노력했을까? 쉬운 대답은 '학습효과'다. 학교에서 고려사를 공부할 때 '항몽 8년'에 대해서 신물이 나도록 외웠으며 그와 비슷한, 아니 훨씬 더 많은 페이지를 '왜곡된 세계사 상'으로 평가해왔다. 그것은 초원에서 역사의 흔적을 만날 때마다 심한 정서적 마찰을 유발했다. 이 심각한 불균형은 어떻게 해소될 수 있는지, 이것은 누구의 잘못인지. 그 머나먼 심연의 강을 내가 어떻게 건넜을까?

돌이켜보니 내가 몽골을 오가며 준비한 행사가 꽤 된다. 한국작가회의에 '세계 작가와의 대화'라는 행사가 있는데 한 번은 '한몽 시인대회'를 하자고 하여 선후배 시인들을 대거 초원으로 끌고 갔다. 기억이 맞는다면 그게 2003년이고 이듬해에 '아시아문화유목'이 결성됐다. 그래서 내리 세 해를 한국과 몽골을 오가며 '한몽 예술가대회'를 열었다. 공교롭게도 내가 한국작가회의 사무총장을 하던 때라 4년 동안 토착성신의 회복, 남북 언어 공동체의 복원, 아시아연대, 아시아―아프리카 문학 페스티벌 같은 것을 준비하면서 모든 프로그램에 몽골 작가들을 참가하게 했고 되도록 초원의 숨소리가 살아 있도록 배려했다.

그 과정을 통해 부끄럽지만 정말 내가 애를 써서 되도록이면 현혹되지 않으려고 최대한으로 고개를 틀어버리던 몇 가지 사실들을 더 이상 외면하지 않게 됐다. 그것을 한마디로 정리하면 "자연에서 역사에로 관심이 이동하는 것을 거부하지 않았다."라고 말할 수 있을 것 같다. 가령 우리가 부정해도 어쩔 수 없이 칭기스칸을 비판하는 학자조차 그를 '통일의 지도자'라 말한다. 그를 학살자로 평가할 때도 다른 민족의 종교와 문화를 존중했던 관용의 지도자로 평한다. 유럽의 근대를 촉발시킨 것은 13세기의 몽골사다. 칭기스칸은 전쟁을 '정복 활동'이 아니라 '생존 활동'으로 이해했다. 그런데도 칭기스칸 시대 이후 지금까지 동과 서를 막론하고 모든 강국이 칭기스칸에 대한 기억을 지우기 위해 엄청난 노력을 기울여왔다(이건 뭔가 이상한 현상이 아닌가 말이다). 어쨌든 이런 사실들을 내가 저항감 없이 받아들이게 됐다는 점이다.

유목민을 이해하려면 정착민의 상식을 대폭 수정할 필요가 있다. 달에서 지구를 내려다보면 단 하나의 인공 축조물이 보인다고 한다. 중국의 만리장성이다. 높이 8.5미터, 폭 5.7~6.7미터의 성벽이 만 리를 잇는 웅대한 칸막이. 이것은 지구의 복판이라 할 수 있는 북쪽의 광대한 대지를 등지고 잔뜩 움츠려 있다(성이라는 게 원래 넓은 것이 좁은 것을 떼어내느라 존재하는 게 아니라 좁은 것이 넓은 것을 방어하느라 구축되는 법이다). 인류가 이 축조물을 쌓기 시작한 것이 정확히 언제인지는 모르지만 기원 수세기 전에도 흔적이 있었고 명明 대에 재축성될 때까지만 해도 생김새가 많이 볼품없었다는 전언도 있다.

오늘의 관광객들은 이것이 군사시설이라는 사실을 망각하지만 만리장성의 위용은 분명히 어느 시대에 무엇인가를 지키려는 자와 빼앗으려는 자, 무엇인가를 차지한 자와 그렇지 못한 자가 있었으며 그로 인한 갈등이 곧잘 전쟁을 유발했고 그것이 오래 지속됐음을 증명한다. 대부분의 책은 이 성채가 '중원'을 말 한 마리 들어올 틈도 없이 둘러싸고 있다는 사실을 들어 당대 권력자들의 지배력과 권위를 논하기에 급급하나 한 가닥만 뒤집어보면 도대체 무엇에 대한 공포가 자존심 강한 중원 사람들로 하여금 이토록 엄청난 방어 본능을 노출하게 했을까 하는 의문을 낳는다.

성 안 사람들의 대답은 초라하기 그지없었다. 기원을 전후해서 빈번히 말을 타고 나타나는 변방의 침입을 받아 골머리를 앓았다. 침략자들은 활 솜씨와 말 타는 실력이 뛰어나 언제나 바람처럼 기습해 활 세례를 퍼붓고 물품을 약탈한 후 다시 바람처럼 사라지고는 했다. 혹자는 이를 동양과 서양의 충돌로 예단하고 싶어 할지 모른다. 하지만 성은 엄연히 서양에도 있었고 똑같은 일이 그곳에서도 일어났다. 기원전 516년 페르시아제국의 다리우스 대제가 대군을 이끌고 보스포루스 해협을 건너갔다가 기동성이 뛰어난 적을 만나지도 못하고 그냥 허공을 향해서만 정정당당하게 일전을 겨루든가 아니면 복속의 길을 택하라고 외쳤다는 우스운 기록이 있으니까. 그에 관해 헤로도토스의 『역사』 제4권은 이렇게 평한다.

그들은 도시도 성채도 갖지 않으며 어디를 가든지 자신의 집을 갖고 다닌다. 더구나 그들 모두는 말 위에서 활 쏘는 데 능하며 농사를 짓지 않고 가축을 치며 산다. 수레야말로 그들이 갖고 있는 유일한 집이니, 그들을 어떻게 정복하고 공격할 수 있다는 말인가.

그렇다면 여기서 말하는 그들이란 도대체 어떤 족속이란 말인가? 우리는 오랫동안 정착 문명에서 살았고 정착민의 역사를 공부해왔다. 인류가 출현해 수렵 생활을 하다가 만 년 전부터 하천을 중심으로 농업혁명을 시작했고 이후 잉여 생산의 발생으로 정착 생활을 시작했다. 약 6000년 전부터 도시 문명을 일으키고 이어서 산업혁명 또 지식혁명을 맞았다. 하지만 수렵과 채취로 살아가던 원시인류의 불안정한 삶을 극복한 것이 농경이었다는 점만 강조하고 끝난다면 지구의 광범한 지역을 점한 또 다른 유형의 삶을 설명할 길이 없어진다. 농경 정착이 식물을 순화해서 잉여 생산을 남기는 생존 형식을 확보했듯이 동시대에 동물을 순화해서 생존한 사람들도 있었던 까닭이다.

인간이 경영할 먹이사슬의 연쇄를 식물계가 아니라 동물계에서 구했던 족속들은 근본적으로 이동의 숙명을 살 수밖에 없었다. 그래서 남긴 공적은 각별하다. 정착민이 안정을 희구할 때 이동민은 자유를 갈망하고 정착민이 관료제를 발달시킬 때 이동민은 군사력을 키웠으며 정착민이 관등서열에 집착할 때 이동민은 정보와 유통망을 선호했다. 똑같은 원리로 정착민이 남긴 대표적 문화유산인 만리장성을 경멸했던 이동민은 지구의 동쪽과 서쪽을 잇는 실크로드를 남겼다. 이렇게 말할 수 있는 근거는 몽골 울란바타르 근교에 있는 옛 돌궐제국의 명장 톤유쿠크의 비문에서 유추할 수 있다.

성을 쌓는 자는 반드시 망할 것이요
이동하는 자만이 흥할 것이다

마음이 닫힌 자는 망하고 열린 자는 흥하리라는 금언은 정착민과 이동민이 각기 추구해온 사회적 이념을 적나라하게 비교한다. 칸막이를 거부하는 사람들, 종족과 종족, 국가와 국가, 종교와 종교, 계급과 계급 간의 단절을 깨뜨리고자 했던 사람들. 그들도 기천 년의 역사를 만들어왔으며 오늘날에도 여전히 지상의 한 곳을 점유하고 있다.

'이동하는 인류'의 생활 세계는 오랫동안 문화사 바깥에 방치돼 있었지만 그들의 역사는 과학적으로 해명된다. 후기 빙하기가 끝날 무렵 아시아 내륙이 강추위와 함께 건조 지대로 둔갑해버린 엄청난 자연재해가 있었다. 이때 지구의 정원이던 유라시아 대륙이 황량한 사막과 초원으로 바뀐다. 결정적으로 수분이 결핍된 폐허 지대가 출현하는 것이다. 견디지 못한 생물들이 살길을 찾아서 흩어지고 난 후에 대지에 남은 것이 풀이었는데 그 풀의 1차 소비자들이 생존하면서 2차, 3차, 4차, 5차 먹이 연쇄가 형성됐다. 오늘날 동東몽골의 초원은 풀의 먹이사슬이 어떠한 것이었으며 그로 인한 생태 질서가 얼마나 유구한지를 전하는 동물 연쇄의 박물관이라 할 수 있다. 그곳을 유네스코가 마땅히 지구의 유산으로 지정해서 보존해야 한다고 본다.

풀의 1차 소비자는 나비, 지렁이, 메뚜기 외에도 쥐, 토끼 등 소형 초식동물과 사슴, 말 등 대형 초식동물이었다. 풀포기 사이를 누비는 메뚜기는 잠자리, 여치 등 2차 소비자에게 먹히고 그것들은 다시 도마뱀, 박쥐, 두더지 등에게 제공되며 3차 소비자들은 뱀, 여우 등 4차 소비자에게 납품된다. 그리고 맨 꼭대기에 늑대 같은 5차 소비자가 하위 생명체들을 약탈하면서 살았다. 초원에 남았던 일부 인류가 이 같은 먹이사슬을 발견하고 그 생태 질서를 관리해 잉여 생산을 확보하면서(그 과정에서 약탈자의 지위를 잃은 늑대는 점점 인간에게 게릴라적 저항을 감행하는 문제적 존재로 전락해갔다) 마침내 그 폐허의 땅에서 이동 문명을 개척한 사람들이 바로 유목민이다.

유목민 이야기를 소설로 쓰려는 생각은 꽤 긴 시간 동안 아주 서서히 굳어졌다. 초원에서 느껴지는 매혹, 초원에서 환기되는 감정, 초원에 대한 그리움을 이야기하면 약간 사치스러운 '문화적 자유주의'로 생각하는 사람이 많다. 치열한 작가 정신과 동떨어진 것으로 보는 것이다. 특히 유목민의 역사에 대한 관심은 흔히 서슴없는 훈계를 듣게 한다. 영화 쪽에서 일하는 분들이 조금 자유로운 것 같아서 칭기스칸 이야기를 몇 번 꺼내봤는데 대부분 오늘의 우리가 왜 그런 걸 봐야 하는지 도대체 관련성을 찾을 수 없다고 한다. 그럼 한국의 독자들이 『삼국지』는 왜 읽고 『로마인 이야기』는 왜 읽는지 반문하면 모든 작가의 입을 다물게 하는 단 한마디의 비수를 던진다. 그것은 그들이 글을 잘 썼기 때문이란다. '그만큼 잘 쓸 수 있어?' 할 때 어떤 작가가 뒷말을 이을 수 있겠는가?

그러나 속으로는 이 같은 통념에 동의하지 않는 작가도 많을 것이다. 가령 왜 한국의 작가들은 그런 글을 쓸 수 없다고 생각하는가? 왜 한국에서는 유럽이나 중국에서 세운 '세계사 상(像)'을 유일한 '세계의 모습'으로 받아들여야 하는가? 21세기에 접어들면서 거침없이 제기되고 있는 '보다 바른 세계사 상'을 찾는 일에 한국의 지성이 동참해서는 왜 안 되는가? 나도 그렇게 생각하는 사람의 하나다. 나는 한국에서 국경을 초월하는 문제작이 나오지 않는 이유를 언어 문제로 보지 않는다. 그럼 무엇이 문제일지, 작가들은 어떤 문제로 고민하는지, 누가 그런 문제를 어떻게 돌파하려 하는지. 내가 『조드』를 써야겠다고 마음먹은 것은 그런 과정을 통해서 더욱 선명해지고 견고해졌다.

나는 유목민 전쟁의 첫 번째 원인은 '조드'에 있다고 본다. 조드는 대지의 운명이고 유목민의 숙명이다. 지구의 몇몇 기슭에서 만개한 '번영된 문명'의 사람들은 그것을 이해할 길이 없다.

몽골어로 '강Gan'이라고 하는 자연재해는 늦여름에 찾아오는 집중 가뭄 현상의 하나다. '강'이 오면 초가을부터 풀이 말라 가축들이 기나긴 겨울과 봄을 나는데 필요한 영양분을 섭취하지 못한다. 그래서 유목민들은 이듬해 새싹이 돋을 때를 가늠해가며 겨울과 봄에 쓸 초지를 조금씩 나누어서 사용하는 것으로 극복한다. 그런데 간혹 집중 가뭄을 참으며 겨우겨우 가을을 건너온 이들에게 숨 돌릴 틈도 없이 더 큰 재앙이 들이닥치는 수가 있다. '조드Dzud'라고 하는 겨울 재해가 그것이다.

조드는 집중 가뭄과 강추위가 겹쳐서 유목 문명 전체를 공포에 빠트리는 무서운 재난인데 이것이 오면 정착민들로선 상상도 할 수 없는 일들이 벌어진다. 먼저 가뭄에 지쳐 허기진 자들의 광야에 눈이 내리고 얼음이 얼면서 위기가 찾아온다. 사람과 동물은 마실 물을 확보할 재간이 없어서 하는 수 없이 미래를 훔치는 일(초봄을 견디기 위하여 남겨둔 희귀한 수분 지대)로부터 재난이 시작된다. 겨울과 봄에 살자고 당장 굶어 죽을 수는 없는 노릇이니 절약 초지를 가불해서 쓰고 나면 불안하지 않을 중생이 없다. 그 가운데 점점 초지의 황폐화가 노골화되는데 동시에 추위가 나날이 심해지고 배는 더욱 고파온다.

1999년과 2000년의 '조드' 상황을 CNN 방송은 이렇게 전했다.

몽골인들이 30년 만에 최악의 겨울에 직면해 있다. 가뭄 뒤에 눈보라와 꽁꽁 얼어버린 날씨가 시시각각 위협해오고 있는 것이다. 유목민들은 추위를 막는 원형 천막의 난로에 피울 연료인 '말린 동물 배설물'의 부족을 겪고 있다. 전국적으로 기온이 영하 56도까지 곤두박질쳤고 눈은 가축들이 주식으로 하는 목초지를 덮어버렸다. 이미 100만 마리 이상의 가축이 죽었고 고립된 시골 공동체는 위험하다.

이때 UN 관계자는 기아에 직면한 유목 공동체 50만 명이 벼랑 끝에 서 있다고 경고하면서 몽골 정부는 우호 친선관계를 약속한 모든 나라에 도움을 호소했다. 당시 절박해진 양들은 흙과 돌을 먹는가 하면 소들은 살아 있는 말에게 다가가 꼬리를 씹었다. 죽은 양의 배를 갈라보면 안에 자갈과 흙이 차 있었다고 한다. 굶주림을 참지 못해 절망적으로 흙을 파 먹은 것이다. 끝없는 눈보라, 극한의 추위, 그 속에서 유목민들은 한 마리의 가축이라도 더 살리기 위해 길 잃은 녀석들을 찾아 헤매고 양과 염소, 말, 소 그리고 낙타는 밤이면 추위를 이기지 못해서 자기들끼리 웅성거린다. 더욱 기가 막힌 것은 봄이 더 두렵다는 것이다. 4월까지도 낮에는 기온이 올라가지만 대지는 눈으로 덮여 있다. 그 상태에서 들이닥치는 먼지 폭풍은 죽음의 바람이다(이것이 사막에서 날아와 우리나라의 황사현상을 만든다). 가축 사망률은 풀이 자라지 않는 봄에도 계속 증가하는데 무엇보다도 새끼를 밴 동물들이 죽어서 생계 기반이 무너지는 것이다.

돌아보니 『조드』를 구상하게 된 동기와 사회문화적 배경은 거의 이야기를 한 것 같다. 우리가 사는 세계가 자연지리와 인문지리의 충돌을 야기한다는 사실도 언급한 적이 있다. 남한강의 사람들이 "물은 서울로 내려가고 사람은 서울로 올라간다!"고 말하는 현상 같은 것에 대해서 말이다. 전에 미국 소고기 수입 문제로 시끄러울 때 정부 관료가 미국 소를 일컬어 '싸고 질 좋은'이라는 표현을 쓴 것도 그런 예에 속한다. 그 말을 몽골의 유목민이 들으면 어떤 표정을 지을까?

물론 복잡한 세계에 대해 이런 식으로 질문해서는 안 된다는 데 동의한다. 그러나 인류의 지성이 절대로 둘러댈 수 없을 만큼 명확한 사실의 하나는 구제역이 '문명 속의 조드'라는 사실이다. 뭐라고 변명해도 그것은 '문명이 대지의 뜻을 거슬러서 생긴 재앙'이다. 첨단에 익숙한 사람들은 어떤 명확한 문제의식이 가끔 낯선 은유의 옷을 입고 나타나서 다른 언어로 경고하는 것을 부정하려 든다. '살아 있는 거북이'를 뒤집어서 바다 밑의 흙을 뿌리고 주문을 외워서 만든 것이 대지이기 때문에 거북이가 죽으면 대지가 죽는다는 게 말이 되느냐고 묻는다면 우리는 다시 잘못된 교육의 폭력성에 대해서 이야기해야 할 것이다. 언어의 속모양을 외면하고 겉모양에 집착하는 사례는 셀 수 없이 많다. 그럼 마우스가 쥐인가? 코스모스는 우주로 되어 있는 꽃인가?

쥐 모양의 기기를 만들어놓고 '마우스'라고 부르듯이 나는 '13세기의 몽골 모양'을 그려놓고 오늘을 이야기하고 싶은 것이다. 그렇다면 생텍쥐페리가 황제도 없는 '어린 왕자'를 만들어서 대지 위의 존재들을 이야기하듯이 나는 '몽골 초원'을 판타지로 사용하는 편에 속한다. 다시 말해서 13세기 몽골고원을 현대 서사의 필드로 사용한 셈이다.

13세기와 21세기, 그 사이의 중심에서

울란바타르대학에서 한글날 기념 강연 내용을 소개하고자 한다. 『조드』를 쓴 작가로서 13세기와 21세기의 관계를 비교하는 강연이었다. 실제 내용은 길지만 녹취를 하지 않아서 안내 책자에 게재한 초록만 남았다. 몽골어 통역은 한국어학과에 재직하는 몽골인 교수가 맡았는데 이름이 기억나지 않는다.

초원에서 보는 문화의 세기

샌베노(만나는 인사) 미지未知의 여러분!

미지란 일상의 언어와 눈길과 정서로는 도달할 수 없는 문화적으로 정복되지 않은 곳을 가리킵니다. 미지에는 언제나 낡은 상상력으로 도달할 수 없는 새로운 심연의 대지가 있습니다. 그 앞에서 우리가 낯을 붉힌 처녀처럼 수줍어지는 건 도리가 없지요.

초원의 중세

저는 왜 자꾸 이곳에 오는 걸까요? 꽤 오래전부터 13세기의 유목민을 소재로 골방 같은 유럽의 중세가 아니라 광활한 초원의 중세를 그리고자 꿈꿔 왔습니다. 13세기라면 칭기스칸의 시대며 제가 쓰고자 하는 이야기에서도 그가 중심에 놓일 수밖에 없어요. 그런데도 애써 '13세기의 유목민'을 그리겠다고 말합니다. 사실 한 사람의 영웅을 따라가는 전쟁담 이야기를 하려고 장기 출장을 할 수 있는 작가는 많지 않을 것입니다. 영웅 서사는 많고 그것은 저의 역사의식에도 어울리지 않습니다.

그렇다면 무엇이라는 말입니까?

"『몽골비사』는 몽골인의 가슴을 영원히 고동치게 한다."는 말을 들었습니다. 제게도 『몽골비사』의 한 장면이 있습니다. 예수게이가 죽고 테무진의 수난이 시작되는 게 아홉 살인가요? 어린 영혼 앞에 절망의 시간들이 펼쳐질 때 가위 시련의 백화점이라 할 만큼 많은 종류의 슬픔이 나열됩니다. 저는 그것들 중에서 가장 고통스러웠을 품목으로 말 여덟 마리를 도난당한 사건을 꼽고 싶습니다.

테무진은 꼬리도 없는 말을 타고 미지로 떠납니다. 세상에! 어느 도둑이 애써 훔친 것을 얌전하게 되돌려줄 만큼 착할 리 있습니까? 테무진도 그냥 앉아서 죽을 수야 없는 노릇이라 갔을 것입니다. 하물며 그것은 초원의 먹이연쇄 안에서 어쩔 수 없이 한 마리 나약한 짐승이 되는 길이었어요. 뜻밖에도 사흘 만에 이상한 소년을 만납니다. 소년이 이렇게 말해요.

"벗이여, 홀로 고생하는구나. 너의 친구가 돼줄게. 내 이름은 보오르추야, 나코 바얀의 아들."

제가 가장 좋아하는 장면이 이것입니다. 이 명장면에 조금 머물러 주세요. 폭력과 배신과 약육강식의 질서밖에 보여주지 않던 초원의 역사가 이 장면에서 연민과 믿음과 순리의 질서로 놀랍게 역전됩니다. 테무진의 역사를 뒤적이다보면 그 후에도 많은 고생이 따르지만 모두 사기가 선택한 거예요. 그의 궤도가 수동태에서 능동태로 바뀌는 장면은 분명히 이 대목입니다.

저도 어쩌면 동몽골 끝 보이르호수나 막막한 모래 산 우문고비 어디에서 보오르추를 만났는지 모릅니다. 어느 순간 제게 할 일이 보였거든요. 13세기 유목민이 살았던 대지의 아름다움이 보이고 그 대지에서 사는 이들의 참혹함도 보이고 유목민이 왜 전쟁을 할 수밖에 없었는지, 세계사는 무슨 까닭으로 그들의 역사를 감춰왔는지 하는 것들이 보이기 시작한 것입니다.

알랑고아 신화에서 알랑고아를 처음 발견한 사람이 누구죠? 외눈박이는 사흘 앞을 보았습니다. 테무진과 그의 안다와 너커르들은 무려 800년 앞을 보았나봅니다.

인류의 문명이 방황 끝에 비로소 칭기스칸의 길을 되찾은 것은 비교적 최근에 들어서 일어난 일입니다. 저는 감히 주장합니다. 어린 테무진이 초원에서 목격한 조드를 인류는 앞으로 지구 곳곳에서 목격하게 될 것입니다. 어제 인터넷 뉴스를 보니 러시아와 동유럽에 1000년 만의 추위가 올 것이라고 합니다. 칭기스칸은 대지의 일부로 살지 않고 대지의 주인 행세를 해보려던 '탐욕에 빠져드는 문명'에 커다란 채찍을 휘두르고 갔는지 몰라요.

왜 문화의 세기인가?

사람들은 21세기를 문화의 세기라고 합니다. 인간이 생존하는 총체적 양상을 문화라고 말한다면 21세기만이 특별히 문화의 세기일 수는 없습니다. 하지만 많은 사람이 그렇게 부르는 배경에는 21세기가 지난 세기와 근본적으로 구분되는 생활양식의 변화를 가지고 있기 때문일 것입니다.

프랑스의 작가 자크 아탈리는 『21세기 사전』이라는 책을 쓰면서 "20세기는 1918년에 시작됐다."고 말합니다. 1917년이 어떤 해인지 아시지요? 그해 10월에 소련에서 공산혁명이 일어나고 이듬해 정부가 들어섭니다. 그와 함께 지구는 미국 편과 소련 편으로 나뉘지요. 우리 한국은 남쪽은 미국 편에 북쪽은 소련 편에 들어갑니다. 얼마나 지겨운 폭력의 세기였습니까? 이건 저의 주장이 아닙니다. 일찍이 제국주의자들은 침략하기 위해서, 혁명가들은 해방되기 위해서 폭력을 사용했다고 한나 아렌트가 말했습니다. 과연 국제 질서는 유럽에서 시작된 산업혁명의 길을 따라서 열심히 근대화하느라 만신창이가 됩니다. 그 불

꽃 튀는 행진에서 낙오하거나 이탈한 민족은 혹독한 대가를 지불했죠. 이 의견에 더러는 20세기는 두 개의 진영으로 나뉘어 있었고 두 진영은 서로 다른 원리로 작동됐다고 반박할 수 있습니다. 하지만 자본주의나 사회주의나 그것이 닿고자 했던 곳은 근본적으로 경제 중심적 좌표라는 점에서 같습니다. 차이가 있다면 "물질적 재화를 어떻게 생산하고 분배하는가?"라는 질문 후반부에 속하는 것들 즉 분배의 방식에 대한 차이였던 것입니다. 자본주의와 사회주의는 개발의 방식, 전략, 발전 모델을 다르게 설정했을 뿐 근대적 산업화를 통해 행복을 추구한다는 면에서는 같았던 것입니다.

그러나 21세기는 다릅니다. 다시 자크 아탈리의 『21세기 사전』을 참고하면 20세기는 1989년에 끝이 납니다. 1989년에 발생한 인류에게 중요한 사건이 세 가지 있어요. 하나가 복제 생명의 출현이지요. 이건 수많은 동물 중 하나가 과학기술을 이용해 제멋대로 다른 동물을 복제한 사건입니다. 유목민이 알면 큰일 날 일입니다만 인간은 하고 말았습니다. 이로써 신의 지위가 변화합니다. 두 번째는 독일에서 베를린 장벽이 붕괴됩니다. 미국과 소련 뒤에 줄 서 있던 '진영 사회'가 빠른 속도로 붕괴됩니다. 세 번째는 인터넷의 출현입니다. 개인이 세계를 상대로 독자적으로 도전하고 성취할 수 있는 수단을 얻습니다.

이것들을 종합하면 이제 국가가 가난해도 개인은 가난하지 않을 수 있습니다. 국가가 불행해도 개인은 불행하지 않을 수 있습니다. 이 같은 변화가 최근 짧은 시간 동안에 세계적이고 총체적이며 동시다발적으로 일어났습니다. 이를 학술적으로 표현하면 다음과 같이 정리됩니다.

"질서는 결정론적 체계에서 우연복합적 체계로, 규칙은 지배의 원리에서 공생의 원리로, 조직은 서열 중심의 위계 체계에서 유기적 네트워크의 사회 체계로, 규범은 집단 중심의 사고 구조에서 개체 중심의 자율 체계로, 커뮤니케이션은 일방향에서 쌍방향 의사소통 구조로, 존재 양식은 입자 형태에서 파동이 중시되는 사회로!"

그 때문에 어떤 사회도 하나의 정답 앞에 놓여 있지 않게 됐습니다. 선발 주자도 후발 이득도 없는 모두가 신혼 길이요, 어디나 처녀지입니다. 20세기 사람들이 미국 혹은 소련을 발전 모델로 삼았던 것과 달리 21세기 사람들은 뉴욕에서 인도의 삶을 꿈꾸기도 하고 서울에서 고비알타이를 동경하기도 합니다. 그런데 그것을 왜 문화의 세기라고 하는 겁니까? 모두가 삶의 질을 묻게 됐기 때문입니다.

예전에는 정치와 경제, 사회문제를 먼저 해결하고 여가가 나면 문화에 관심을 갖는 것으로 이해됐습니다. 그러나 지금은 문화가 생존을 위한 활동 전체를 주관합니다. 생산 활동의 범주 밖에서 일상적으로 향유되고 소비되는 수동적인 범주를 넘어 제반 영역에서 직간접적으로 생산 활동에 영향을 미칠 뿐 아니라 새로운 시장을 주도하는 강력한 동력으로 떠오른 것입니다. 영화, TV, 휴대전화 등 각종 미디어와 디지털화된 콘텐츠 등은 문화적 소비품이면서 동시에 주요한 생산의 영역을 이루는 자원이 됐습니다. '문화 산업'이라는 개념어가 상징하듯이 경제에서도 이제 팔고 사는 것은 물질 자체라기보다는 상징과 기호가 된 것입니다. 명품도 실용성에서 태어나는 게 아니라 훌륭한 스토리와 디자인에서 탄생합니다.

간단히 생각하면 이 변화는 크게 두 방향에서 형성됐죠. 하나는 삶의 스타일, 관습, 패턴 등이 변한 데서 비롯됐고 다른 하나는 오락을 포함한 예술, 학문, 스포츠 등 소위 문화 장르의 경제적, 사회적 가치가 높아진 데서 비롯됐습니다. 이 두 가지 요인에 의해 한편으로는 중앙집중화된 국민국가의 권력에 억눌렸던 다양한 생활 문화들이 획일적인 국가주의에 저항하면서 자신들의 독자성을 실질적으로 보장받으려는 움직임을 보이고 다른 한편으로는 기계주의적 정치, 군사, 경제적 체계에 눌려 지냈던 다양한 문화가 다투듯이 고개를 쳐들어댑니다. 예컨대 정치 활동이나 부의 생산과 유통도 문화적 행위들 속에서 이루어지고 상품 광고나 사회적 계몽도 문화적 기획으로 진행됩니다. 이로써 본디 경제 성장을 뜻하던 '발전'이라는 말조차도 '문화적 성숙'을 의미하는 쪽으로 바뀐 시대가 된 것입니다. 문화적 가치의 구현이 어느덧 인류의 제1주제가 된 것이지요.

디아스포라의 시대를 살기 위하여

잠시 허공에 떠 있던 이야기를 다시 땅으로 끌어내립시다. 21세기적인 삶의 모습을 두 장면만 펼쳐보겠습니다.

첫 장면은 여러분이 수업을 마치고 선데이플라자에 들러서 쇼핑을 하는 모습입니다. 이 쇼핑은 재래식 장터를 구경하는 것과는 많이 다릅니다. 재래식 장터에서 여러분은 여러 아이막과 솜, 박의 어떤 게르에서 만든 물건 앞에 서게 됩니다. 그러나 선데이플라자에 가면 미국이나 일본, 중국, 한국의 기업에서 생산한 제품 앞에 서게 됩니다. 여러분이 비행기를 타는 것은 조금 어려울지 모르지만 다국적 기업의 제품이 컨테이너 박스에 오르는 것은 아주 쉽습니다. 이 같은 시장 통합 덕분에 20세기가 끝나고 21세기가 시작될 때 지구에서 약 40억 인구가 세계 시장 경제 체제의 일원이 됐습니다. 예전 같으면 고향에서 밥벌이를 할 사람들이 이제 국경을 몇 개씩 넘어서 일자리를 구하러 갑니다. 그런 이주민을 문화적 용어로 디아스포라고 하지요.

두 번째 장면을 보여드리겠습니다. 21세기라고 해서 개인의 생활만 있고 국가의 활동은 없는 게 아닙니다. 그것이 어떤 모양으로 움직이는지를 한눈에 보여주는 예가 2010년 월드컵이 아닐까 싶습니다. 혹시 보았다면 어떤 장면이 가장 먼저 떠오릅니까? 저는 단연코 프랑스 팀의 탈락을 꼽겠어요. 프랑스는 다인종, 다민족, 다문화 사회로서 톨레랑스라는 용어를 만들어낸 나라입니다. 그리고 그것은 프랑스 팀의 저력이 되어 한동안 축구의 역사를 다시 쓰게 했어요. 이름도 근사하게 '아트 사커'입니다. 그런데 이 대단한 팀이 예선 탈락을 하면서 수많은 뉴스를 생산합니다. 먼저 주요 선수가 연습에 불참했다는 기사가 나왔습니다. 다음으로 그 선수들을 감독이 경기에서 뛸 수 없도록 배제합니다. 그러자 지단 파가 축구협회를 공격했다는 보도가 뒤를 잇죠. 중심 선수를 빼고 감독의 말을 안 들으며 어지러운 분위기에서 경기를 한 결과 예선에서 탈락하고 돌아갑니다. 그런데 귀국한 뒤에 앙리라는 선수가 공항에서 집으로 가지 않고 곧장 대통령궁을 방문해요. 그로써 앙리와 사르코지 대통령이 계속 전화 통화를 해왔다는 사실이 드러나고 FIFA는 프랑스 대통령이 축구 문제에 간섭하지 말고 자기들에게 맡겨 달라는 성명서를 채택하며 또 8강 팀들이 경기할 때 선수들이 각자의 애국가를 부른 뒤에 인종차별 반내 선언을 하게 만듭니다.

여러분! 뭔가 그림이 그려지지 않습니까? 앙리는 인터뷰에서 "그라운드에서 고독했다. 패스도 없었고 슈팅 할 기회도 주어지지 않았다."고 말합니다. 에브라는 "경기에 져서라도 밝혀야 할 문제라고 생각했다. 이건 우리만의 일이 아니다."고 합니다. 나아가 프랑스 팀이 경기할 때는 보이지 않던 지단 선수가 알제리 경기 때 불쑥 나타나서 자기의 출신지가 어디인지 확인하는 장면이 카메라에 포착됩니다.

제 상상은 이렇습니다. 프랑스 축구의 상징적 존재인 지네딘 지단, 티에리 앙리, 주장 파트리스 에브라 등 문제의 복판에 있었던 선수는 모두 디아스포라(이주자)들입니다. 갈등의 정체는 프랑스 백인과 디아스포라의 충돌이 아니었을까요? 그럼 월드컵 경기에서 혁혁한 전과를 올려가던 독일 팀은 어땠습니까? 게르만의 혈통을 갖지 않은 선수들이 독일의 이름으로 승리하는 것을 원치 않는다는 우파의 시위 장면을 혹시 이곳 뉴스에서 보여주지 않은 것은 아니겠지요? 또 현대 축구에 충격을 준 북한의 공격수 정대세는 북한의 교포였어요. 시야를 조금 넓혀서 미국 대통령은 백인 주류 사회의 사람입니까? 프랑스 대통령은 어떻습니까? 지금 인류가 부딪친 가장 큰 문제는 디아스포라입니다. 이건 개인의 삶은 국경을 넘어섰지만 국가는 여전히 그들의 질서를 유지하고 있어야 하는 시대의 인류가 부딪친 새로운 사회문제들입니다.

여기서 국가가 하는 일 말고 개인이 할 일을 생각해봅시다. 우리가 만약 20세기의 틀을 넘어서는 발전을 꾀한다고 할 때 그것을 이끌고 밀어줄 문화적, 정신적 힘은 과연 어디에서 나와야 할까요? 예컨대 문화적 동력을 외부에서 수입할 것인가, 아니면 자신의 세계에서 재구성해낼 것인가요? 이게 판단을 필요로 하는 문제일까요? 개인들의 창조성의 고향은 세계가 아니라 오직 자신이 태어난 고향일 뿐입니다. 그래서 창조적 감수성은 어디까지나 자기 문화의 원형에 대한 감수성에서 습득되어야 합니다. 21세기는 우리를 이렇게 세계 속으로 데려가는 대신 가장 중요한 문제를 자연 속으로 되돌려 보냈습니다.

다시 말하지만 문화의 세기는 21세기의 인류가 피할 수 없는 세계화, 정보화, 환경 생태화 때문에 단번에 모든 개체가 자발적으로 광장을 찾게 만듭니다. 서로 다른 강 1000개가 모여서 '유일하고 같은' 하나의 바다가 되고 서로 다른 목소리 1000개가 모여서 '유일하고 같은' 하나의 함성이 되며 들쭉날쭉한 봉우리 1000개가 모여서 '유일하고 같은' 하나의 고원이 됩니다. 인류는 언젠가 이런 세상을 경험한 적이 있습니다. 13세기에 칭기스칸은 문화적 관용의 힘으로 디아스포라의 곤혹과 딜레마를 해결했습니다. 정보화 문제를 해결하기 위해 역참 제도를 활성화했는데 이를 사회학자들은 '말로 컴퓨터 칩을 대신했던 인터넷'이라고 합니다. 환경 생태화 문제를 보려면 '대 자사크(위대한 법령)'를 살펴보면 됩니다. 불과 재에 오줌 싸지 마라, 흐르는 물에 오물을 버리지 마라, 수간하지 마라. 동서로 만리장성에서 바이칼호수까지, 남북으로 고비사막에서 발하시호까지 펼쳐진 몽골고원에서 가축을 방목하기에 좋은 지역에서는 반 역참 거리에서 해결할 수 있는 생존 문제를 방목하기가 어려운 땅에서는 스무 역참을 이동해서도 해결할 수 없습니다. 저는 최근에 '조드'에 관한 글을 읽고 있는데 조드가 아무리 심했던 해에도 어떤 지역에서는 전혀 손해를 보지 않을 수 있었습니다. 어떤 생각이 떠오릅니까? 철새가 겨울 추위를 피해서 가야 할 길을 누군가가 울타리를 쳐서 막으면 어떻게 하면 좋겠습니까? 저는 이것이 칭기스칸이 몽골을 통일한 이후에도 계속 전쟁을 했던 이유였다고 생각해서 글을 써러 왔습니다.

바이르테(헤어지는 인사)

우리는 식물의 뿌리를 가지고 태어난 게 아니라 동물의 발을 달고 태어났습니다. 우리는 두 발로 돌아다닐 수 있고 현재 많은 사람이 고향을 떠나서 여기저기 떠돌아다니면서 살고 있습니다. 세월이 흐르면 흐를수록 우리는 더욱 넓은 대지를 삶의 무대로 삼아서 살 수밖에 없는 환경에 처할 것입니다. 그러나 그러한 세계의 실상은 어떻습니까? 우리의 평화에 대해서 고민하는 집단이 어디에 있으며 우리가 타산지석으로 삼아야 할 모델이 어디에 있습니까?

　지금은 세상의 중심부가 있고 주변부가 있어서 차별하는 사람과 차별받는 사람이 존재하지만 언젠가 이런 이상한 관념들은 무의미한 것이 될 것입니다. 1000개의 바다 안에 구석진 강에서 흘러든 물이 어디 있고 1000개의 함성에서 변두리 목소리가 어디 있으며 1000개의 고원에서 벽지의 산봉우리가 어디 있습니까? 칭기스칸이 몽골고원을 벗어날 때 꿈꾸었던 세계가 어쩌면 이 같은 것이 아니었을까 저는 상상해봅니다. 그리고 그러한 상상력 안에서 우리가 고향을 그리워하는 것은 전혀 모순되지 않습니다. 제가 한국을 사랑하듯이 여러분은 몽골을 사랑할 텐데 그것이 이렇게 우리의 우정에 방해가 될 수 있겠습니까?

　짧은 시간에 너무 큰 이야기를 하려 한 점을 용서해주시기 바랍니다. 이제 곧 마침표를 찍겠습니다.

　제가 몽골에 온 지는 두 달이 됐습니다. 외로운 이유가 가족을 한국에 두고 온 때문만은 아닙니다. 한없이 따뜻하면서 시원한 날씨를 내려주는 한국의 가을 하늘도 그립기는 마찬가지입니다. 인간을 만든 것이 대지라는 사실을 부인할 사람은 없습니다. 인간의 신체는 자연의 사슬에 묶여 있고 영혼은 거기에 깃듭니다. 우리가 감동한 위대한 인간성은 모두 자연 속에서 얻어진 것입니다. 한 존재가 지상의 어디에서 목숨을 부여받는가 하는 것이 우리의 능력이 아니듯이 그것들의 가치 역시 우리의 의지로 수정할 수 있는 것이 아닙니다. 하지만 그릇된 관념 속에서 어떤 일부는 중심이고 어떤 일부는 변두리였습니다. 그리고 '중심'을 숭배하는 정신은 '변두리'를 끝없이 폐허로 만듭니다.

오늘 우리가 칭기스칸의 땅에서 자아와 대지의 관계를 이야기한 사실을 기억에 남겨두었으면 합니다. '나'를 잃는다는 것은 곧 온전한 세계를 꿈꿀 수 없게 된다는 것을 의미하기 때문입니다.

감사합니다.

자무카의 노래

오논강 찬바람 속에 우리는 서 있었지
강물이 꽁꽁 얼어 꺼지지 않았어
눈에 불이 있고 뺨에 빛이 있는 친구
나이 차이도 생각지 않고 들의 고집도 잊은 채
우리는 서로 지문도 보여줬네
나의 운명을 엿본 네게, 너의 운명을 보여준 내게
양의 복사뼈가 닳고 닳은 후
늑대들 속에서 또 만났구나
헤를렌강 얼음도 꺼지지 않겠지
눈에 불이 있고 뺨에 빛이 있는 친구
멋대로 가는 세파에도 무릎 꿇지 말기를
거칠고 험한 추위에도
마음의 성에가 끼어 흐려지지 않기를

좌담:
『조드』가 남긴 것

이영진(이하 '이')　　반가워요. '가난한 성자들'이라는 부재가 붙은 소설『조드』는 여러 가지 측면에서 문제저이에요. 작가가 자신의 모국어로 자신이 태어나고 자란 모국어의 현실이 아닌 다른 공간 다른 시간을 대상으로 본격적인 장편 서사를 펼쳐놓고 있거든요. 물론 이 같은 작업이 없었던 건 아니에요. 이인화의『초원의 향기』라든가 전성태의『국경을 넘는 일』, 또 SF 계열의 명작들도 있어요. 그러나『조드』는 이런 작품들과 확연한 차이가 있어요. 이인화의 작품이 우리 역사와는 다른 시공간 속의 사건과 인물을 통해 인물을 재구성해간 측면은 비슷하지만 그 '다름' 속으로 들어가 내부자의 시선으로 인물과 대지를 그리지는 못했죠. 작가의 상상력이 문헌적인 기록을 매개로 삼았을 뿐 모국어의 운명을 다른 시공간으로까지 확장한 작업이라고 볼 수 없거든요. 굳이 말한다면 유리 상자 밖의 구경꾼 같은 태도였다는 거죠. 작가들의 외방의 체험이 확대되면서 새롭게 형성되는 관계들을 다루게 되는 작품들 역시 주체적 인물들은 여전히 '한국인'이라는 모국어 사용자들이죠. 역사 속의 인물을 당대의 기록이나 지배적 이데올로기에 바탕을 두고 다루기보다 주체적 개인의 심리적 딜레마를 중심으로 추적해간 김훈의 『불멸』 같은 작품 또한 모국어의 상상 범주를 넘어서지 않아요. 먹조 홍병희의 『임꺽정』이나 황석영의 『장길산』 등이 비교적 가까운 조선조 민중의 디테일한 삶과 풍속, 그리고 지향성을 형상화하는데 성공했지만 그 수작들이 이루어낸 아포리즘이 모국어 범주를 벗어난 곳까지 확대되지는 못했거든요. 그런 점에서 왜 12~13세기, 그것도 몽골고원과 중앙아시아인지, 『조드』를 쓰게 된 이야기부터 들을까요?

김형수(이하 '김')   십수 년 전입니다. 유토피아의 끝이랄까. 5·18 이후 지속되던 긴장과 열정의 끝에 이르렀을 때였어요. 도시화, 자본화된 문명의 폐허를 느꼈어요. 너무 많은 사람이 어깨를 부딪치며 지옥처럼 전쟁처럼 살아가는 게 제대로 된 삶인지 굉장히 환멸이 생기더라고요. 그때 우연히 커피숍에서 지상에는 이웃집이 지평선 안에 들어 있지 않는 곳도 있다는 얘기를 들었어요. 너무 광막해서 한번 스쳐 가면 평생 만날 수 없기 때문에 인연을 소중하게 여길 수밖에 없는 곳, 따뜻한 인정을 베푸는 것이 법이 되는 곳이 있다는 말에서 어떤 영감이 오더라고요. '세계'라는 고정관념이 깨지는 충격을 받았어요. '아, 세상을 바라보는 다양한 시선이 있구나!' 그래서 10여 년 동안 몽골 구석구석을 가보게 됐고 그 텅 빈 대지의 거울에 비친 '지금 이곳'을 다시 생각하게 됐어요. 처음에는 시적인 에세이를 써보려다가 세월이 흘러 결국 소설을 쓰게 됐어요. 초원에 대한 관심이 그곳의 사람들에 대한 관심으로, 나아가 역사에 대한 관심으로 확장된 거죠. 다들 역사가 자연을 개척한다고 말하지만 사실은 생명체라는 게 자연에 순응하는 방식으로 존재해야 한다는 걸 깨달은 결과입니다.

이 문명에 대한 피로, 문명이 하나의 이데올로기라는 반성이 근자에 들어서 강하게 대두되고 있는데 문명에 대한 피로나 억압감을 느끼는 것은 21세기에 들어와서 훨씬 심화되고 있는 것 같아요. 밀집된 또는 치열한 경쟁을 치르면서 살아가는 생존 방식 자체에 대한 회의라고 할까요. 확실히 세계는 훨씬 위태롭고 위험한 곳이 되어가고 있어요. 풍요가 거대한 결핍 그 자체가 되어버리는 사막화 현상은 많은 저항, 죽음, 난민들을 양산하고 있지요. 월스트리트의 '아큐파이 무브먼트Occupy Movement' 정도로는 결코 해결할 수 없는 심각한 현상이 도래해 있는 거죠. 결국 문명도 하나의 상상된 것 혹은 의도된 이데올로기라면 그렇지 않고 살아가는 문명, 그렇지 않고 살아갈 수 있는 방법은 없을까 하는 질문은 멈출 수 없는 것 같아요. 그런 점에서 매트릭스화된 패러다임의 문명 밖 또는 이전 혹은 미래가 될 수 있는 영역에 대한 강한 호기심은 작가들에겐 떨칠 수 없는 문제겠지요. 체험은 굉장히 특별한 것일 수 있을 것 같아요.

김 처음에는 초원이 주는 특별한 느낌이 뭘까, 저도 그게 궁금했는데 나중에 보니 해방의 느낌이에요. '어딘가 갇혀 있었구나. 내가 비로소 대지의 존재로 풀려나고 있구나!' 이게 어떤 거냐면 옛날 중국 여인들은 발을 예쁘게 하려고 전족을 했잖아요. 발이 신발에 갇혀 예뻐지지만 성장이 억제되고 모양이 변형되는……. 그 변형체는 날 때부터 가진 자연스러운 것이 아니고 어떤 작용으로 살짝 둔갑됐다가 나중에 자연에 의해서 바로잡히는 거예요. 그게 얼마나 초라한지 몰라요. 유목민의 시력이 3.0~5.0이에요. 실제로 초원에서 보면 저 지평선 끝에 있을 것 같은 나 아닌 어떤 것에 대한 그리움이 계속 생겨나기 때문에 눈빛도 멀리까지 가고 싶고 목소리도 멀리까지 가고 싶고 몸도 막 달려가고 싶고 이렇게 마음이 계속 커진단 말이에요. 그런데 문명은 이런 게 생명체의 내부에 존재한다는 것을 망각하게 해요. 그래서 생명이 마치 전족을 한 발처럼 예뻐지지만 차단되고 억압되고 눌려지는, 여기서 발생되는 편의와 구속에 대한 환멸, 이런 것이 초원 느낌의 실체 같아요.

이   단순히 내가 성장하고 자란 생활 생태계 혹은 이념적 생태계 안의 탯줄에서 비롯되는 어떤 억압감 이런 것에서 출발한 여행이었더라도 그것이 결국 되돌아오면 '지금 이곳'이라는 실존적인 공간의 딜레마로 환원될 수밖에 없지 않습니까. 작가의 입장에서 그런 경험들이 필연적으로 우리 현실의 문제들과 부딪치게 되는데 그런 점들 없이 소설이 쓰일 수는 없잖아요. 더군다나 장편을 구상하게 되지는 않았으리라고 봐요. 그래서 그 경험들을 통해서 혹은 그 몽골의 초원의 방문을 통해서 현실 속으로 되돌려지는 시선들은 어떤 것이었는지 굉장히 궁금해요.

김   원시를 예찬하고 싶었던 건 아니었어요. 저는 일탈보다 현실에 종사하고 싶습니다. 초원이 의미 있는 건 2012년의 서울을, 바로 저의 현실을 사유하게 만들기 때문입니다. 가령 문명이 자연의 상태를 벗어나 문명에서 문명으로 한없이 멀어져만 가는 건 아니라고 봐요. 패러다임의 전환, 생산적인 회의, 성찰 같은 것들이 대지 즉 자연에 적합한 것인가 돌아보게 하는데 저는 그 광야에서 저의 폐허를 보게 된 겁니다. 몽골의 시골은 제 고향하고 닮았어요. 저의 출발점과 닮아서 일종의 어떤 본원적인 것들을 발견하게 되는 거죠.

이   그러니까 적어도 거대한 대지 혹은 초원의 경험이 거꾸로 작가 내면에 있는 근원성에 접근하는 기회가 됐고 그것을 비추어 보는 기회가 됐다는 이야기로 받아들여져요. 들뢰즈의 『천개의 고원』이라는 책이 한동안 대학생들이나 교양 독자들 사이에서 회자된 적이 있고 최근에도 지젝의 『실재의 사막에 오신 것을 환영합니다』라는 대단히 수사적인 레토릭이 등장해요. 실제로 몽골에 가보고서야 고원이라는 개념이 수직적인 것이 아니라 수평적인 높낮이 혹은 그 두 가지를 함께 포괄하는 지평이라는 것을 깨달았어요. 물론 그것이 결정론적이고 고정된 어떤 상태를 말하는 것은 아니지만 그런 것들이 실재의 삶 안에서 실재의 생활 생태계 안에서 펼쳐지는 경이로운 광경들을 봤던 것 같아요. 그래서 몽골이 고원이라고 했을 때 고원이 평평한 곳이라는 사전적 지형 외에도 대지의 물리적 형태만 광활하고 높고 평평한 게 아니라 생태계 전체가 협력해서 함께 그 지평의 높이를 유지해가지 않으면 안 되는 곳이라는 생각을 하게 됐어요. 우리 내부가 아닌 밖을 보고 거기에 투사된 우리의 본원성을 들여다보는 기회가 됐다는 말은 충분히 이해가 갑니다만 독자들은 왜 하필 그것이 몽골 이야기여야 하느냐 또 우리 삶의 치열한 구체성과는 거리가 있는 게 아니냐, 소재주의에 함몰된 역사 소설과 무엇이 다르냐 등을 물을 수도 있는데요.

김　『조드』가 역사적으로 흥미 있는 소재를 다루었다는 말은 저도 들었어요. 장르 문학으로서의 칭기스칸 소설이라는 반응인데 글쎄요, 장르 문학을 폄하할 뜻은 전혀 없어요. TV 예능 프로그램에서 김태원이라는 기타리스트가 가요에서 장르를 차별하는 것은 마치 인종을 차별하는 것과 같다고 했는데 전적으로 동감입니다. 그러나 차별과 차이는 구별하고 싶어요. 가령 장르 문학은 독자의 요구를 본질로 한다고 봐요. 독자가 어떤 것을 요구하는가에 따른 응답의 형식이라 대리 체험, 대리 만족 같은 것들에게 꽤 충실하려는 특성을 갖는데 순문학은 그렇지 않습니다. 그런 요소의 결여로 상업적으로 매우 불리해지면서도 스스로를 반대편으로 내모는 것은 그것의 본질이 '세계를 향한 고독한 외침'이기 때문일 거예요. 누가 듣든 안 듣든 나는 이 세계에게 외치고 싶다는 게 중심이라는 겁니다. 『조드』는 제가 21세기의 세계를 향해 이곳 서울에서 외치고 싶은 이야기입니다.

이　장르 문학 혹은 장르 영화 같은 분야의 카타르시스 기능은 피로도와 그 반대편의 지점에서 보면 굉장히 순기능이 커졌어요. 그래서 그것을 누구도 부정할 수 없고 특히 과거에 순수문학 밖에서 서브 컬처쯤에 해당됐던 장르들, 게임이니 애니메이션이니 영화니 만화니 사진이니 등등이 사실은 전부 주류적 위치로 전환되는 것을 보고 오히려 우리가 과거에 순문학이라고 불렀던 영역이 오히려 서브 문학인 것처럼 역전되어버린 느낌까지 들거든요. 그러나 아무리 그렇다고 하더라도 고독한 외침 즉 뭉크의 〈절규〉를 할리우드의 〈아바타〉가 대신하지는 않거든요. 위로받고 털어냄으로써 지워지게 하는 카타르시스 기능도 중요하지만 딜레마를 거꾸로 체험하게 하는 시‘ 은 분명히 주금 차이가 있는 것 같아요. 위로하기보다 오히려 갈등하고 고민하고 질문하게 하는 방식, 이런 것이 우리 문학 또는 예술 속에서 지나치게 사라져가는 측면이 있어요. 그래서 묻고 나누고 싶었던 게 있는데 작년에 『흩어진 중심』이라는 비평집에서 장편에 관한 생각을 펼쳤지요? 어떤 사건이나 인물을 바로 코앞이나 바로 등 뒤에서 그 인물이 지닌 단일한 것들의 인과적 속성이나 극적인 변화들만 쫓아가는 것이 아니라 그런 단편적 국면들이 다양하게 발산되고 집약되는 보다 크고 넓은 범주를 형상화해가는 것이 일종의 장편을 사유하는 것이라고 했어요. ‘단일한 것들의 인과적 연속성을 그리느냐, 그것들을 가능하게 한 지향성을 그리느냐에 따라 차이가 발생한다. 그러므로 장편은 장편적인 사유를 말한다.’ 이렇게 이야기했던 기억이 나요. 제 생각에 이게 『조드』를 집필해가는 기본적인 작가 의식이 아니었을까 생각되긴 해요. 그래서 이미 알려진 칭기스칸 정복사나 연대기와는 출발이 달랐다는 건데 거기에서 장편적 사유라는 것이 어떻게 구현되어 갔는지, 몽골 경험이라는 본원성에 대한 단편적 사유들은 어떻게 녹아들고 있는지 거론해볼 필요가 있지 않을까요?

김 전쟁 영웅 서사 칭기스칸은 국내외 문학, 영화, 만화 등 대략 스무 종은 될 것 같아요. 저는 그와 다른 길을 희망한 겁니다. 밀란 쿤데라가 "인간 성격의 새로운 측면을 발굴하지 않은 소설은 부도덕한 것이다."라고 한 적이 있는데 인간은 태어나고 자라고 죽는 것은 다 똑같아요. 칭기스칸에 대해 학습된 이미지도 그럴 거예요. 그러나 그 이미지를 촘촘히 들여다보면 수많은 모순 덩어리를 만나게 돼요. 침략자다 학살자다 하면서 관용의 지도자라고 해요. 초원을 통일했다 하는 것은 폭력이 아니라 평화라는 이야기거든요. 역사학자들이 발견한 상, 군사학자들이 발견한 상, 기업이나 경영인들이 발견한 상들이 완전히 다릅니다. 역사학자들은 팍스 몽골리카나의 상징으로 칭기스칸의 생애를 꼽는데 당연히 주변과의 마찰을 중심으로 제국주의자 상이 만들어지겠죠. 그것이 잔인한 학살자 상을 야기하는 바와 군사학자들의 평가는 굉장히 달라요. 우선 전쟁을 남의 것을 빼앗는 탐욕적 행사가 아닌, 자아를 지켜가는 방식으로 패러다임을 바꾼 공을 그에게서 도출해 냅니다. 전쟁 수행 양상도 군사 충돌 중심이 아니라 정보전, 첩보전, 여론전 등 다양해요. 수많은 전쟁 형식을 찾아냅, 세계 전쟁사의 인식론적 전환에 가장 크게 기여한 사람으로 평가하거든요. 또 기업인들은 그때를 중세라고 말하는데 테무진 이전의 지도 세력은 그냥 혈연 마피아 같은 존재였어요. 각 부족이 세력을 키워서 주변을 장악하고 서열 체계를 만들어 세력화하는데 테무진은 상당히 다른 양상을 보입니다. 저는 이런 피곤한 혼란을 피하고 싶어서 처음에는 칭기스칸이 아니라 다른 사람을 중심인물로 세울까 했어요. 그런데 유목민의 세계, 그들의 삶의 맥락을 파악해 들어갈수록 중심인물이 그쪽으로 흐르는 거예요. 결국 테무진을 피하는 것은 유목민의 정치를 피하는 것이고 그 압도적 다수의 삶에 관여되는 현실을 피하는 것이구나 싶더라고요. 전쟁 영웅 서사로서의 칭기스칸 스토리 어디에도 그런 고민의 흔적은 없었어요. 결국 제가 선택한 길을 제 방식으로 말해볼게요. 소설을 쓴다는 것은 살아 있는 성격을 창조한다는 것이고 살아 있는 성격을 창조한다는 것은 존재의 눈빛을 그려낸다는 것이고 존재의 눈빛을 그려낸다는 것은 그 인물이 세계와 관계 맺는 방식을 그려낸다는 것이고 그것은 곧 그 시대의 모럴을 그려낸다는 것인데 저는 테무진이 당시 세계와 어떤 관계들을 맺어갔는지, 그 성격과 눈빛을 또 그런 과정들을 통해서 드러낸 모럴을 그리려고 했어요. 당시에 초원에 출현한 지도자가 셀 수 없이 많은데 단순 비교를 했을 때 테무진이 가장 영리한 사람도, 힘이 제일 센 사람도, 말을 가장 잘 타는 사람도,

활을 제일 잘 쏘는 사람도 아니었어요. 가장 열악한 자리에 버려지고 내쳐지고 야생동물처럼 던져졌으니 정치적으로 상속받은 유산도 가장 적었다고 할 수 있습니다. 그런데 왜 많은 사람이 그의 이웃이 됐는가. 저는 테무진의 성장사에서 가장 외로운 자가 가장 넓은 세계를 품은 것을 발굴한 겁니다. 가장 외로운 자가 이웃들을 가장 간절히 필요로 했고 가장 진정 어린 소통을 원했으며 관계에 가장 정성을 기울였는데 그것이 테무진을 칸으로 만들었어요. 역사 자료에는 테무진이 결코 칸이 되지 않으려고 했다는 사실도 나옵니다. 권력에 사로잡힌 인간이 아니었던 거예요. 그런데도 당대의 초원에 닥친 곤혹과 딜레마를 해소하자면 테무진을 칸으로 올릴 수밖에 없었어요.

이 그러니까 당시 초원의 수많은 부족이 갖고 있는 갈등과 대립 또는 이해관계를 포함해서 총체적인 문제들이 결국은 일종의 수평적 지향을 보이는 평등과 소통과 공감과 협의 등등의 요소를 지닌 칭기스칸에게 모여졌다는 거죠.

김 네. 그가 어떻게 관용적이었는가, 그의 눈빛은 왜 주변에 위화감을 주지 않았는가, 그는 유목민 집단으로부터 왜 신뢰를 받았는가, 유목주의라는 것이 그의 생애의 동작들을 통해서 어떻게 구현됐는가를 소설로 쓴 겁니다.

이	그러니까 그동안 역사학자들이나 군사학자들이나 기업가들이 보았던 것과 다른, 존재론적으로 새로운 측면을 보았다고 하는 점이 또 하나의 버전일 수 있다는 이야기를 하는 것이군요. 그렇다면 유목민의 세계관을 가장 잘 체현한 인물로서 칭기스칸을 중심으로 유목민이 어떻게 형성됐는가를 살펴보는 것도 굉장히 흥미로울 것 같네요. 『조드』의 앞부분이 신화로 시작이 되는데 몽골 부족의 조상 '보돈차르 몽학' 이야기가 아주 인상 깊었어요. 몽학은 일종의 바보인데 거꾸로 성공한 일족을 이루게 되거든요. 바보 혹은 내쳐진 자가 지닌 부족함이 거꾸로 넉넉함을 만드는 이 같은 신화의 패턴이 칭기스칸에 이르는 점이 흥미로워요. 주변을 다 비워둠으로서 그 비워진 곳으로 편안하게 이웃들이 몰려들고 자연스럽게 부족을 이루는 중심인물로 몽학이 그려져서 굉장히 매력적이었습니다. 바보 몽학이 본인의 의지와는 상관없이 존재 자체로 큰 무리를 넉넉하게 거느리게 되는 과정을, 쫓겨나고 또 쫓겨난 뒤에 그저 살아남기 위해서 무언가를 돕게 되고 자기가 아닌 타자들을 도움으로써 자연스럽게 무리가 형성되는 과정을 보게 되는데 이런 것들이 일종의 대긍정형 인간의 모습, 의도하지 않지만 존재 자체로 우리의 중심을 형성하는 모습 같아요. 『조드』는 서두에 나오는 몽골족의 조상 몽학의 신화와 테무진의 삶이 겹쳐지는 효과를 염두에 둔 것 같아요.

김 서두의 신화 '늑대 서사'를 어떤 마음으로 썼냐 하면 나중에 『조드』가 의미 있는 작품이 됐을 때 그 대목만 따로 떼어서 어린아이들이 볼 만한 그림책으로 만들어봐야겠다고 생각했어요. 그래서 작품 전체를 시적으로 상징하고 은유할 수 있게 하자고 의도한 거예요.

이 테무진과 바보 몽학이 내면적 캐릭터로서 동일인 성격을 지닌다는 거죠? 재미있군요.

김 제가 그린 테무진을 대긍정형의 인간이라 했는데 그는 과연 갈등을 대립적인 방법으로만 해소하는 것이 아니라 끌어안고 지워버리는 인간이었습니다. 그래서 얼마간 빈 구석이 긍정과 넉넉함, 또 진정성이라는 미덕을 확보하게 만들지요. 모두 보돈차르 몽학의 성품입니다. 실제 기록을 봐도 그는 말을 많이 하는 자가 아니고 듣는 자예요. 늘 의견을 구하면서 선택은 자기가 하죠. 독자에게 이런 것까지 읽어달라고 말할 수는 없지만 보돈차르 몽학과 테무진의 성격을 연결하는 소설적 장치가 있어요. 바보 몽학으로 하여금 세계를 내려다볼 수 있게 만든 눈을 준 것이 매입니다. 매가 위에서 내려다보고 가르쳐주는 말을 몽학이 듣듯이 테무진도 끝없이 텡그리, 즉 푸른 하늘한테 묻는 거예요. 푸른 하늘의 뜻이 무엇인가를 찾아서 실현하는 정치인이거든요. 그래서 세계를 바라보는 눈이 자기의 이기심 내부에 갇혀 있는 게 아니라 자기의 틀을 벗어나서 더 큰 눈으로 보고 선택할 수 있어요.

이　그랬을 때 푸른 하늘이라는 것은 다수 염원? 다수가 지향하는 것을 의미하게 되는 건가요?

김　그것을 단지 다수라고 할 수 없는 게 그 다수는 인간 다수이잖습니까. 그런 인간 중심이 아니라, 그러니까 맨 처음에 대지를 만들고 그다음에 대지 위에서 살 수많은 생명체, 동물과 식물들을 만든 푸른 하늘이에요. 생명체 모두를 내려다보는 눈.

이　대긍정형의 인간형이라는 것이 외형적으로 바보 같은 모습으로 형상화될 수 있겠군요. 우리에게도 바리데기 신화가 있지요. 물론 바리데기는 모계 중심 사회에서 부계 중심 사회로 넘어오는 무렵의 신화라고 합니다만, 이 신화의 중심인물 역시 여성이지만 끊임없이 주변 것들과 싸우고 갈등하고 대립함으로써 문제를 해결하는 게 아니라 그것들을 다 끌어안고 받아들임으로써 극복하는, 끝내는 그것들이 통합되는 인간형의 모습을 보입니다. 잘 알려진 〈대장금〉이라든지 〈허준〉이라든지 시청률이 매우 높았던 드라마에도 그런 인간형이 등장하고 그런 것들이 많은 시청자를 끌어들이는 것을 볼 수 있는데 이들은 서구의 신화나 영웅 서사에 등장하는 인물들의 성격과는 매우 다르다는 생각을 하게 됩니다. 참, 서두에 등장하는 '사흘 앞을 보는 외눈박이'는 누구죠?

김 보돈차르 몽학의 큰아버지입니다.

이 외눈박이도 굉장히 재미있는 캐릭터입니다. '사흘 앞을 본다'는 이가 눈이 하나에다 쫓겨나기까지 한 인물이죠? 무리로부터, 부족으로부터 쫓겨나서 외눈으로 거친 광야에서 살아야 되는 인물이 '사흘 앞을 본다'는 설정이 정말 흥미로워요. 3년 앞을 보는 것도 아니고 또 300년 후를 보는 것도 아니라 아주 가까운 미래 즉 사흘 앞을 본다는 것은 사실은 사흘이 아니라 미래 전체를, 가까운 지점에서부터 보고 발견하고 미리 통찰할 수 있다는 의미인데 이 인물의 초자연적인 신성이 조카인 바보 몽학에게 전해지고 몽학이 신화적 내피를 벗었을 때 테무진에게도 드러나는, 그래서 어찌 보면 주류 지향적인 전략과 전술 혹은 그 디테일을 가지고 있는 인물이 아니라 그런 것들로부터 벗어나 있는 인물들이 결국 팍스 몽골리카 체제를 구축하게 되는 결과를 가져오는 지점들도 작가에게 듣고 싶은 이야기예요.

김   소설을 쓰면서 여기까지 읽힐 수 있다면 참 행복하겠다 싶었던 부분이 있어요. 저는 바둑기사 이창호, 축구선수 박지성, 이런 캐릭터를 좋아합니다. 이런 유형의 인간형은 이상하게 다른 문화권에서는 잘 눈에 띄지 않아요. 전에 선배님께서 이야기했지요? 이건 우리 문화 어딘가에 이런 인간형, 이런 성격을 만들어내는 에너지가 있다는 건데 그 지적이 작품을 쓰는데 굉장히 크게 작용했어요. 소설에 얘기한 심하이 읽는미이, 바보 몽학, 알랑고아 등이 근대 교육 제도를 통해서 접한 신화나 서사들하고는 굉장히 다르다는 것을 느낀 겁니다. 그리고 그 다름 때문에 자무카, 옹칸 등과 테무진을 비교하게 돼요. 현격하게 차이 나는 지점이 그런 문화를 가졌다는 거예요. 그래서 저는 이게 그냥 옛 날이야기가 아니라 사실은 몽고반점 문화의 고유한 것이고 우리 민속적 미의식을 스토리텔링으로 담아서 이어오고 있는 까닭에 그런 독특한 인격체들이 우리 문화 안에서 자라는 게 아닌가, 그렇다면 이건 우리가 놓치지 말아야 될 아주 중요한 건 아닌가 생각합니다.

이   그런데 재미있는 것은 어떤 문제를 주도적으로 자각하고 헌신하고 희생을 치르면서 발언력을 확보해가는 것이 아니라 어떤 의도 없이 그저 쫓겨나고 버려지고 주변으로 밀려나는 것들이 거꾸로 서서히 중심으로 전화되는 양상을 보이거든요. 쫓겨나고 소외받았기 때문에 오로지 주변과 협력하고 돕고 증여하는 이런 것밖에 할 줄 모르는 체질의 캐릭터들이 대긍정형의 캐릭터와 통하는 바가 있지 않나 그런 생각이 들었어요. 『조드』에서는 테무진이나 젤메나 보오르추 또 기타 많은 인물형이 중심인물로 형상화돼 사건이 부여되고 캐릭터가 부여될수록 약간 바보스러운 특징을 지니게 되는 걸 보게 되는데 오히려 이런 캐릭터일 때만 볼 수 있고 생각할 수 있는 '저 너머'가 있다는 생각을 하게 돼요. 그래서인지 저는 이 소설 전체를 읽으면서 서사시 같다는 느낌이 들었어요. 묘사하기보다 비유하고 상황에 대한 통찰과 직관이 평범한 일들을 중첩된 상징으로 읽히게 만들기도 해요. 초원으로 이루어진 바다와 수많은 바람의 이름, 눈과 극단의 추위가 몰고 오는 조드의 여러 가지 얼굴, 늑대와 말과 인간 등등이 하나의 리듬으로 출렁이는 아포리아를 경험하게 됩니다. 단지 읽히는 것이 아니라 경험하게 하는 힘은 작가가 유목의 생태를 깊이 체화한 내부의 시선으로 대지와 인간을 그려내는 힘 때문인 것 같아요. 작가에겐 또 하나의 모국어가 사는 공간을 갖게 된 셈이죠. 외계의 혹성으로 이주하려는 꿈처럼 어쩌면 불가능해 보이는 일이 실현되고 있다고 할까요. 굳이 목적하는 바의 어떤 결정론적인 지점을 말하는 것이 아니라 시간의 경과 과정 속에서 끊임없이 이렇게 증여하는 자들의 캐릭터를 보게 됩니다. 그래서 이런 지향성을 타고난 체질로 가진 인물들을 만나는 즐거움이 커요. 『조드』에서 활력 있고 통쾌한 주요 캐릭터들도 조금 소개해주시죠. 사실 가장 매력적인 인물은 칭기스칸도 자무카도 아니지 않습니까?

김 저는 젤메가 좋아요. 지도자들은 대부분 자기 주위에 기득권적 엘리트를 배치합니다. 주변에 센 자들을 모아 병풍을 치는데 테무진은 주역이 되면 될수록 눈에 띄지 않고 사기를 내세우지 않는 유형들을 모읍니다. 테무진이 좋아했거나 테무진을 좋아하는 사람들이 그랬어요. 그중에서도 특히 젤메는 사람 냄새를 가장 많이 풍기는 존재입니다. 제 고향 장터의 이풍진 형님을 『나의 트로트 시대』에 등장시킨 적이 있는데 그런 캐릭터 같은 느낌이 들었어요.

이 젤메의 성격을 조금 더 부연한다면?

김 젤메의 어떤 부분을 그릴 때 사실은 조금 울컥했어요. 젤메는 테무진의 종이니까, 최초의 백성을 얻은 상태에서 조드를 맞았을 때 그걸 헤쳐가기 위해서 테무진 곁에 있어야 했습니다. 그때 공동체에 합류하지 못한 외딴 게르에 오논 강 여자가 있어요. 젤메와 어떤 인연을 가지고 있었는가 하면, 선대에 부족이 절멸 위기에 있을 때 산에 굴을 뚫어 부족을 살려낸 대장장이의 마지막 핏

줄이에요. 사실상 이들은 부족의 핵심이에요. 그 후예가 다 죽고 오논 강 여자 하나 남았는데 그 누이가 조드의 위험에 처해 있는 겁니다. 테무진의 일이 끝나자마자 젤메가 오논 강 여자를 구하려고 등에 장작을 메고 눈보라를 헤치며 말 타고 가는 거예요. 하지만 오논 강 여자는 이미 죽고 그녀의 작은아들만 데려옵니다. 그런데 그 슬픔을 이웃들에게 드러내지 않아요. 그리고 패거리 사이에서 회식할 때 계속 음담패설을 합니다. 그러다 주변 사람들을 모두 웃겨놓고 잠깐 소변을 보러 가는 것처럼 나가서 피를 토하며 울죠. 그러고는 바로 돌아와 또다시 음담패설을 하는, 그러면서 아무리 떠들어도 오논 강 여자를 잃은 슬픔을 지울 수 없어 헛헛해하는 장면을 그렸을 때, 내가 그리려던 젤메 상을 포착한 거 같다 하는 생각이 들었어요. 반대로 조금 아쉬운 사람은 보오르추인데 테무진과 처음 만나는 장면은 살렸지만 그 이후는 제대로 못 그렸어요. 사실은 보오르추가 테무진의 가치 지평을 결정하는 사람이기 때문에 더 감정이입을 하고 싶었거든요.

이 가장 현명한 자, 곤경에 처할 때마다 방법을 찾아내는 지혜로운 자도 등장합니다.

김 모칼리는 지혜를 제공하는 자이고 보오르추는 신의의 표상입니다. 테무진이 세상에 대한 가치의 기준으로 보오르추를 많이 닮으면 훌륭한 사람이고 적게 닮으면 훌륭하지 않은 사람이라고 생각했을 정도로요.

이   보오르추도 똑똑한 인물은 아니잖아요?

김   평범한 말치기의 아들이죠.

이   그 이야기도 재미있는데 명마를 고르는 장면. 유목민의 지혜랄까, 경험이랄까 이런 것을 볼 수 있었어요. 말의 눈동자에 사람의 전신이 거울처럼 비치면 명마라는 부분을 읽으면서 텍스트가 아니라 오래된 삶의 디테일이 살아 있어서 놀랐어요.

김   어떻게 취재했는가 하면, 처음에 말은 어두운 숲을 빠른 속도로 달릴 때도 나무에 부딪히지 않는다는 얘기를 듣고 제가 '말은 눈빛으로 달린다!' 하는 표현을 썼어요. 그 후 말치기 출신을 만날 수 있어서 물었더니 경악하더라고요. 당신이 그걸 어떻게 아느냐, 그러면서 추가로 들려준 이야기가 명마를 알아보는 법인데 이건 말치기 고수만 아는 거라면서 그걸 가르쳐준 거예요. 정착민 작가가 이런 걸 쓰면 유목민들이 놀라 뒤집어질 거라고 하더라고요.

이 소설 속 인물들 이야기가 나왔으니까 조금 전의 오논 강 여자 같은 여성들에 대한 이야기를 좀 더 해보죠. 사실 『조드』를 끌고 가는 인물 중에는 바보 같지만 주역이 되는 주변인들과 함께 여인들의 이야기가 적지 않아요. 알랑고아 신화에서도 그렇고 어머니 후엘룬도 그렇고 또 아내이자 삼자동맹의 동기가 된 버르테 이야기도 특별해요. 거칠고 약탈이 기본적인 질서이다시피 했던 시기를 살아가는 여성들이라 약탈혼을 하게 되는 후엘룬, 납치되어 적장의 아이를 갖게 되는 버르테, 아내가 적의 아이를 임신한 것으로 의심되는 장면에서 테무진과 어머니가 나누는 대화가 굉장히 인상적이었어요.

김 작가들은 항상 쓸 때의 의도와 읽을 때의 반응이 다르지 않기를 바랄 거예요. 제가 알랑고아 신화에서 깊이 천착한 대목이 유목민의 모성성에 대한 것이었어요. 속으로 모성성에 너무 치우쳐 여성성이 없어지는 게 아닐까 계속 걱정했을 정도예요. 그들의 모성성을 보며 더러 미개한 모계사회의 습성이 남아 있는 것처럼 반응할 때면 그렇게 아쉽고 서운하더라고요. 유목민들도 휴대폰을 들고 살아요. 울란바타르는 대도시 한복판, 문명 한가운데 있어요. 그런데 그 여성들조차도 이 모성 본능에서 아주 놀랍게 차이가 나고 구별이 됩니다. 제가 생각할 때 식물을 데리고 사는 게 아니라 동물을 데리고 살아온 자들의 감수성 때문이 아넌가 해요. 대중가요의 가사에 님보다 어머니가 압도적으로 많은 곳은 몽골밖에 없을 거예요. 어머니의 마음, 어머니를 그리는 마음이 정말 굉장합니다. 그것이 후엘룬이나 버르테를 통해서도 드러나지만 최고봉은 역시 오논 강 여자예요. 물론 그녀는 픽션의 인물이지만 저는 거기에 몽골 여인들을 상징하려고 했어요. 그녀의 아들 수베테이라는 장수가 후에 칭기스칸의 또 다른 화신이 되기 때문이에요.

이   흡족한 대답은 아닌데 아주 극적이고 끊임없이 약탈과 침략이 계속되는 세계 안에서 남자를 만나고 아이를 잉태하고 가족을 이뤄가는 여성들의 운명을 보면 굉장히 주체적이지 못할 것 같은 환경인데도 자유롭고 일정한 한계에도 자기 캐릭터를 잘 유지해가는 모습을 볼 수 있어요. 특히 후엘룬이 칭기스칸에게 하는 이야기, 남자들은 전쟁을 하고 여자들은 아이들을 기른다고 하면서…….

김   그럼 후엘룬 이야기를 해볼까요. 제가 몽골 신화들을 접하면서 속으로 깜짝 놀란 게 태양이 여자고 달이 남자인 점이에요. 태양이 달을 낳았기 때문에, 태양은 모성을 상징합니다. 후엘룬은 그런 태양의 눈을 가져서 세상의 모든 곳을 골고루 비추는 특성이 있습니다. 그래서 버르테가 적장의 아들을 낳을 때 테무진이 자신의 복잡한 심중을 숨기지만, 어머니가 미리 읽은 거예요. "너 혹시 다른 생각하지 마. 어머니를 부정하는 것은 용서하지 않겠다. 나도 납치되어 온 여자다. 너도 납치된 여자의 자식이야." 그래서 이후 전쟁통에 어미를 잃은 자식을 하나씩 데리고 오게 해서 키웁니다. 실제 기록에 보면 그렇게 해서 네다섯 명을 훌륭한 장군으로 키웠어요.

이　그러니까 후엘룬이 칭기스칸에게 하는 말 중에 "몸을 낳은 것이 아버지가 아니라 마음을 심어주는 것이 아버지다"라는 구절은 기독교나 유교적 인식과는 너무나 달라요. 여성성이나 젠더의 문제가 주요 화두가 된 21세기에도 이렇게 열린 혈연 의식을 찾기는 쉽지 않아요.

김　"부모는 몸을 낳을 수 있을 뿐이지 마음을 낳을 수 없다. 마음은 누구의 것이냐. 기르는 자의 것이다. 너의 마음을 갖는 아이가 필요하다면 잘 길러라. 그러면 너의 마음을 갖게 될 것이다"란 부분이 생각나는군요.

이　사회가 핵가족화되고 그 핵가족마저 분해돼 다양한 형태의 가족이 등장하는 것이 작금에 보고되는 인류학적 현상이잖아요. 혈연주의, 혈통주의가 굉장히 중요한 요소를 이룬 것 같으면서도 『조드』에 등장하는 여성들의 서사는 그런 지점들을 넘어서는 것을 지속적으로 보게 됩니다. 알랑고아 신화에서도, 또 테무진의 어머니와 아내에게서도. 이런 것들을 보면 유목민의 세계가 굉장히 모던하다는 인상을 받게 돼요. 어떤 법률이나 제도 이전에 먼저 모순과 갈등이 수렴되고 깨달아지는 일종의 수렴의 정신, 증여의 정신, 이런 것들을 끊임없이 만나게 되는 것도 이 소설을 읽는 즐거움의 하나에요. 아무튼 그 무시윤 《조드》의 비극 속에서도 자식들을 지켜내는 미친 여자의 서사. 특히 새소리를 기다리는 여자, 굉장히 영화적 상상력을 자극해요. 현대의 막장 드라마처럼 출생의 비밀이 얽히고설키는 구성 요소가 보이지만, 눈물겹도록 힘겹게 자의식들을 극복해가는 과정으로 이어지고 있어요. 버르테가 낳은 적장의 아들이자 공식적으로 장남이 되는 주치 혹은 나그네라고 부르는 칭기스칸의 큰아들. 이게 나중에 헝가리나 핀란드 지역으로 가서 왕국을 세우는 게 금장칸국이란 말이에요. 아무튼 적장의 씨앗을 자기들에게 찾아온 나그네라고 부르는 인식은 오늘날의 가족사 안에서 보면 굉장히 상징적으로 읽혀요.

김 후엘룬의 발언인데 사내는 사라져가는 것, 별똥별처럼 타고 스러져가는 것, 세계를 그냥 헤쳐 가는 자이고 뒤에 남겨진 세계를 어떻게 할 것인가는 여인들의 몫이라는 표현이 있어요. 영원성은 여성의 것이고 찰나성은 남성의 것이라는 유목민 여성의 세계관이 후엘룬의 말에서 느껴졌으면 좋겠어요.

이   후엘룬과 관련해서 많이 알려진 이야기지만, 후엘룬이 『몽골비사』에 남긴 시, 칭기스칸의 아버지 예수게이에게 납치되는 순간 약혼자 칠레두를 위해서 부르는 노래, 또 칭기스칸이 어릴 때 활로 쏴 죽이는 형제가 누구죠?

김   벡테르요.

이   벡테르를 죽였을 때 그 비통함을 시로 부르짖는 장면 등은 「몽골비사」의 어떤 대목보다 압권이에요. 이걸 보면 후엘룬은 몽골초원의 대여류시인이라는 생각이 들어요. 자기의 세계를 끝없이 확장한 정복자의 캐릭터가 대시인의 영감 속에서 태어난 듯한 인상을 줍니다. 어쨌든 『조드』에서 여성성이 중요한 축이라는 점을 독자들이 기억했으면 좋겠어요. 작가 특유의 시적 감성이 빛나는 아포리즘 속에서 생생한 생명력을 발하는 몽골고원의 대지 또한 놓치고 싶지 않은 것 중 하나예요. 대초원이나 사막을 훑고 가는 바람의 종류, 우리 해안 지방의 민요에도 나타나듯이 첫물, 두물, 열두물, 이렇게 해서 조수가 밀물과 썰물이 바다에서 이루어질 때 그 오고가는 물들을 시간에 따라서 열두물로 구분해내는 바닷가 사람들처럼 유목민들이 바람을 그렇게 섬세하게 구분해서 각각의 이름들을 부여한다든지 눈이 내려서 재앙이 오는 그 개별적인 현상을 다 구분을 해서 이름을 붙여주는 것들은 마치 에스키모들의 눈에 대한 인류학적 보고를 무색하게 해요. 그 눈들을, 형태를 구분해내는 이런 모습들은 문명 세계와는 다른 비문명 세계, 반문명이 아니라 비문명 세계의 생활 생태계 속에서 축적되는 인간의 경험과 통찰력들이 굉장히 경이롭다는 것이죠. 그런 세계를 『조드』를 통해 확인하게 됐어요. 내 몸이 가지고 있는 비문명적 요소의 확인? 놀라움? 또는 얼마간의 해방감? 이런 것에 도달할 수 있었는데 그런 것이 『조드』를 경험하게 하는 어떤 지점이었던 것 같아요.

김 저도 이번에 대지에 대해서 많이 배웠어요. 가령, 타타르 족이 살았던 동몽골 지대가 지구에서 가장 좋은 명마의 고향이라고 한 기록을 봤어요. 그런데 그 말이 아주 조그마하고 볼품이 없습니다. 제주도 조랑말의 조상이지요. 최근에 축구를 보면서도 해본 생각인데 메시 같은 선수가 상대방을 기운으로 압도하는 건 아니잖아요. 그렇다면 한 생명의 크기라는 게 어디에서 오는가, 생명의 크기란 신체 조건의 문제가 아니라 세계를 감당하는 생명의 넓이가 아닌가. 동몽골 타타르 지역의 말들은 지상에서 가장 넓은 대지를 뛰어다녀야 하는 생명체들이에요. 넓다는 것은 울타리가 없다는 말이기도 하잖아요. 그러니까 그라운드 위에 그냥 놓여 있는 것이죠. 테무진도 조금 전에 대긍정형 인간이라고 했지만 달리 말하면 대지의 존재들을 감당하는 넓은 성품을 가진 자인 거죠. 그걸 어떤 재능이라는 것으로 설명할 수 없지 않느냐, 무엇인가 큰 세상을 견뎌낼 수 있는 인간이었다, 그런 점들을 자꾸 생각하다 보니까 대지를 더욱 잘 그려야 되겠구나, 대지가 살아 있지 않으면, 생명이 그려지지 않는다 생각하게 된 거죠. 초원에서 가장 아름다운 지역이 가장 위험한 지역이요, 광활하게 열려 있는 지역임을, 모든 생명이 탐내는 지역이 생존을 영속하게 하기 가장 어려운 곳임을, 그래서 유목민들이 약탈이라고 표현하는 생명 사냥이 끝없이 이어지는 곳임을……. 이게 정답 같습니다. 작금의 세계도 그렇지 않을까요? 지금 우리 눈에는 보이지 않지만 이렇게 지금 각 개인의 삶이 국경을 넘나들기 때문에, 다 광역을 안고 살고 있는데 그 광역의 삶, 광역 시대의 딜레마를 그리는 게 중요하겠다 생각했어요.

이   그러니까 생각이 나네요. 3월 초에 몽골 알타이를 넘는 모험을 한 적이 있어요. 영하 30~40도를 넘나드는 밤에 길을 잃었는데 그 알타이 산맥 안에 게르가 있으리라고는 생각하지 못했어요. 3월이면 조드가 와서 많은 양과 말이 죽어 나갈 때인데 새벽 한 2시쯤 됐는데 어둠 속에서 게르를 발견한 거예요. 젊은 유목민

부부가 아이들 세 명을 강아지처럼 바닥에 눕혀놓고 자다가 우리 일행이 들어가니까 유목민 아내가 홑겹의 잠옷 바람으로 영하 40도가 되는 추위 속에 나가 눈 한 바가지를 양동이에 담아와서 수태차를 끓여주더라고요. 얼마나 놀랐는지, 그리고 우리를 거기서 자게 해주었어요. 우리는 나오면서 몰래 신당 앞에 돈을 놓고 나왔어요. 그런데 그때 열패감 같은 감정을 느꼈어요. 우리 생명을 구해주고 아무 말 없이 다 받아주고 먹여주고 새워준 이들한테 내가 줄 수 있는 게 돈 외에 아무것도 없다는 데서 비롯된 감정이었죠. 그때 몽골의 개들은 게르 안으로 들어오는 사람들을 보고는 짖지 않고 나가는 사람을 보고 짖는다는 말이 생각났어요. 이렇게 넓은 곳에서 외따로 떨어져 있는 사람들한테 예고 없이 찾아오는 나그네들이란 무엇일까. 적 아니면 도움을 주는 동지일 수밖에 없는 이런 반가움과 공포의 양면성을 지닌 존재가 아닌가 이런 생각을 그때 해봤어요. 그런데 그 넓은 대지 속에서 그런 작은 만남 또는 관계, 이런 것들이 맺어지는 방식이 그렇게 극단적으로 나뉠 수 있다는 생각을 하게 되더라고요. 이런 상황은 800년 전이나 지금이나 큰 차이가 없는 것 같았어요. 그런데 도시에서 살면서 차로 이렇게 빠르게 어떤 지점들을 지나치면 공간은 분명히 통과했는데 관계 맺을 수 있는 것은 아무것도 없어요. 기억할 수 있는 것들도 없고요. 그래서 속도가 공간을 빠르게 지워버리면 똑같이 서사도 지워지는구나 하는 생각을 하게 됐죠. 그런데 몽골에서는 반대로 그런 시간 자체가 공간을 통과하지 않는 오직 실존하는 개인의 몸만 이동하게 하는 기이한 느낌을 갖게 돼요. 반대인 거죠. 몽골의 그 광활한 대지의 느낌은 시간이 잘 확인되지 않는 거예요. 시간이 얼마만큼 지났다든지 오늘이라든지 내일이라든지 뭐 어디의 약속이라든지 등등 문명의 세계에서는 익숙했던 종류의 시간이 그곳에서는 전혀 작동하지 않으니까 문득문득 시간이 사라져버린 느낌을 받아요. 시간이 사라져버리는 것, 시간에 대한 익숙한 느낌들이 사라지거나 해체되는 순간을 문득 마주치는데 그런 곳에서의 삶, 그런 곳의 의미로서 대지의 본원성, 이런 것들이 『조드』를 읽으면서도 내내 살아났거든요.

김   선배님이 쓴 산문 중에 『유토피아 꿈꾸기』라는 글을 아주 인상 깊게 읽었어요. 처음에는 실감하지 못했는데 나중에 기억 속에서 속도가 어떻게 풍경을 지워가는지, 당시에는 제가 생각해보지 않았던 문제였기 때문에 꽤 충격적이었습니다. 그 생각을 몽골에서 굉장히 많이 했어요. 이를테면 제가 몽골에서 소설을 써서 한국의 한 인터넷서점에 연재했거든요. 지금 세계 시장 경제 체제가 윌리엄 블레이크의 시처럼 대지의 목가적 연결을 끊어버렸는데 저는 그곳을 넘고 있어요. 글을 쓰는 몽골의 숙소하고 서점 사이에는 굉장히 긴 대지가 가로놓여 있습니다. 그 목가적 연결이 끊긴 곳에 존재하는 건 그냥 거대한 어둠 하나일 뿐이에요. 그 어둠을 사이에 두고 저는 다른 세상에 놓여서 외로워해요. 조금 전 이야기 중에서 제게 영감을 주는 건 나그네들을 접대하는 유목민의 마음에는 접대하지 않으면 약탈당할 수 있다는 위험이 함께 있다는 것인데 제 생각에 지금 21세기의 삶은 정확하게 그런 면이 있거든요. 비행기나 인터넷으로 순식간에 돌파되는 그 어둠 속에는 수없이 많은 생명체가 존재하고 있어서 위험을 안겨주거나 선행을 베풀어줍니다. 제가 연재하면서 답글을 다는데 가까운 분들이 수없이 조언을 해요. 너 쓸데없는 짓 한다, 그거 잘못하는 거다, 스토커도 있어. 너는 노출되고 네티즌은 어둠 속에 존재하거든. 그러니까 그 어둠이 사실은 그냥 하나의 공허가 아니고 수많은 생명체의 공간이기 때문에 우리는 은혜를 받거나 공격을 받거나 하면서 사는 거예요. 그렇다면 그 많은 생명체와 어떤 식으로든 관계를 맺어야 해요.

이 그러니까 저는 내러티브는 다 생략되어버리고 오직 흥미로운 파편적 순간들만 남게 되는 최근의 소설들이 결국은 문명의 황폐성을 고스란히 반영하는데 그치고 방금 이야기했던 그런 목가적 연결이 불가능하게 만든다는 생각을 해보곤 해요. 그래서 현대인은 자신을 소외하고 소모하는 자기 소외의 지점에 도달했다는 것이죠. 이런 것들을 대지적 상상력이나 그런 목가적 연결 혹은 연속성이라고 하는 것들이 회복되지 않으면 투명하지만 출구는 없는, 거대한 벽 속에 갇혀서 헤어 나올 수 없게 되는 거죠. 그래서 이 『조드』가 보여주는 두 개의 플롯, 즉 광역 소수의 네트워크적인 삶과 협역 다수의 치열한 경쟁을 매우 흥미로운 구조라고 생각했어요. 두 세계는 아주 극명하게 다른 문명적 패러다임으로 보여요. 네트워크를 이루면서 서로 협력하고 서로 도와야만 살 수 있는 그런 시스템, 즉 아일 식 유목과 끊임없이 경쟁하고 약탈하는 쿠리엔 식 유목을 종식하게 하고 아일 식 유목으로 바꾸어가는 과정이 칭기스칸의 자기 확장으로 읽혀요. 서로 협의하는 광역 네트워크 시대로 초원을 바꾸어놓는 과정이 한 인간을 문제적으로 만드는 장엄함인 것 같아요.

김 『조드』에 대한 두 가지 독법, 12세기 이야기로 읽을 것인지 21세기의 은유로 읽을 것인지 하는 문제를 이 소설의 숙제라고 봐요. 쉽게 말해서 빠른 이동 속도 속에 대지의 풍경이 모두 묻혀서 어둠이 되지만 그 속에는 수많은 생명체, 수많은 움직임이 있어서 위협이 되기도 하고 구원이 되기도 하는데 제 생각에 21세기의 개인들도 그렇게 넓은 대지를 안고 살아요. 그러면 이런 형식의 삶은 경쟁력의 크기를 요구할까, 그리움의 크기를 요구할까 묻는 순간 『조드』는 당대의 문제로 돌아오게 되지 않을까요?

이 21세기에 던지는 화두 같네요. 조금 전에 놓치고 지나온 이야기가 있는데 그 어둠 속의 목가적 연결이라고 하는 부분이에요. 이 소설의 장점은 목가적 어둠 속에 놓인 인간의 구체적 삶이 매순간 잘 그려진 점이에요. 물론 그것은 칭기스칸의 유년 시절과 겹쳐 있지만 『조드』를 읽는 사람들이 맨 먼저 만나는 충격의 하나가 어린 테무진과 자무카의 조우 장면이에요. 실제로는 늑대와 말이 대지 안에서 어떻게 생존을 위한 삭풍을 빌이는지, 눈보리 속에서 펼쳐지는 아주 다이내믹한 장면이죠. 아마 이 장면도 제가 지금까지 읽은 40여 종이 넘는 몽골 관련 도서 중에서 최초로 보게 된 것이었어요. 흰머리를 풀어헤친 귀신 바람이라는 이름을 가진 바람 속에서 그 각축이 벌어지는 순간들이 비유적으로 삶에 환원되는 장면인데 그런 장면들을 어떻게 얻게 됐는지 놀라워요.

김 몽골을 많이 돌아다녀도 처음에는 감이 안 잡히더라고요. 그래서 로도이담바의 『맑은 타미르강』이라는 몽골 소설도 열심히 보고 중국 장룽의 『늑대 토템』도 하루에 10페이지씩 읽었어요. 감각 회복용으로요.

이 현장을 나가본 지역이 어디죠?

김 몽골에 유명한 학자가 있어요. 수미야바타르 선생님! 울란바타르대학에서 팀을 구성해 답사를 가는데 따라갔어요. 예전에는 '젖통호수'라고 불렀는데 칭기스칸이 등극하면서 푸른호수로 바뀐 곳이었어요. 울란바타르에서 그렇게 먼 거리는 아닌데 조금 신성시하는 곳이죠. 테무진이 가장 어려운 시절을 그곳에서 보냈거든요. 그 지역은 한 대여섯 번 다녀온 것 같아요.

이 그 장면 외에는?

김 유목민이 잘 그렸다고 칭찬한 장면은요, 조금 전의 그 장면이 첫 번째고 그다음에 테무진이 자무카와 헤어실 때 밤중에 동물 떼를 데리고 떠나가는 장면이 나오거든요. 맨 앞에 말이 서고 맨 뒤에 낙타가 섭니다. 이동 중 잠깐씩 쉬어가기도 했는데 말들은 사람하고 비슷해요. 소나 양이나 염소는 걸어가면서도 오줌을 싸요. 애들처럼 오줌을 못 가리는 거예요. 말은 그렇지 않습니다. 쉴 때만 싸기 때문에 휴식 시간이 되면 사람과 말이 일제히 오줌을 싸는 거예요. 참았다가 쏟아내니까 소리가 얼마나 큰지 폭포 같아요. 그 정적 속에서 오줌 소리가 폭포 소리를 낼 때 후엘룬이 검은 하늘을 향해 예수게이더러 들으라면서 지금 내려다보는가 하고 묻는 장면이 있는데 번역하는 이가 놀라더라고요. 3자 연합군이 메르키드를 치러 갈 때 자무카가 도강하는 장면을 제일로 꼽는 사람도 있어요.

이   자연스럽게 자무카 이야기가 나왔는데 저는 우리가 근대 혹은 중세를 이야기할 때조차도 언제나 서양사의 패러다임 안에서 이야기를 하거나 동양사를 이야기할 때조차도 중국사를 중심으로 이야기하는 것이 늘 신경에 거슬립니다. 중고등학교에 다닐 때 세계사라는 과목을 공부했는데 이기 역시 주로 로마사나 중국사이지요. 마찬가지로 중국사는 역사적 왕조사 중심으로 배우면서도 언제나 그 로마, 혹은 중국 밖의 역사를 머릿속에 잘 구성하지 못했기 때문에 그렇게 해서 형성된 세계라는 것이 늘 당연하게 존재하는 세계가 됐고 지금도 얼마간 그런 잔상으로부터 벗어나지 못하고 있지요. 정약용은 통역관이 돼서 중국으로 떠나는 친구가 굉장히 즐거워하는 모습을 보면서 왜 중국인지 이해되지 않는다, 중심이라는 것은 언제나 자기가 서 있는 정수리 위에서 태양을 경험할 때 깨닫는 것인데 저 친구는 중국을 자기 중심이라고 믿는 이상한 생각을 가지고 있다고 소회를 이야기하는 것을 읽었어요. 얼마 후 오에 겐자부로와 김지하가 대담을 하면서도 그 지점을 논쟁거리로 삼는 것을 보았어요. 김지하는 한반도와 지금으로 보면 만주, 그러니까 블라디보스톡이나 하바롭스크 하산에서 지금의 카라쿠룸 또는 요동 땅까지 이르는 지역들을 문명사와 정신의 세계사의 중심에 놓아야 된다는 나름의 견해를 펼쳤는데 오에 겐자부로가 재미있는 이야기를 해요. 세계는 무수히 많은 중심으로 이루어진 중심의 네트워크지 어느 한 지점이 중심으로 솟구치는 것은 존재하지 않는다. 마치 들뢰즈가 말한 '천 개의 고원'처럼. 그런 이야기를 들으면서 우리 인식 속에 있는 로마사와 중국사라는 패턴, 이것도 저것도 아닌 또 하나의 다른 곳, 즉 몽골사로 대표되는 아시아 중세를 떠올리게 돼요. 지금 발칸 반도에서 일어나는 비극까지도 그것과 관계를 맺고 있는 역사 내적 질서들인데 더군다나 15세기에 일어난 유럽의 르네상스까지도 팍스 몽골리카나의 영향 속에서 이루어진 결과들인데 이런 것들이 역사 속에서 완전히 배제됨으로 우리는 커다란 역사적 공동 속에 내던져진 거죠. 바꾸어 말하면 그리스로마신화가 초등학생들의 필독서고 『삼국지』, 『수호지』, 기타 중국사에 등장하는 이야기들이 신화처럼 읽히는데 그 인간형들이 우리의 중요한 모범처럼 내재화된 정전주의는 포스트 콜로니얼리즘이라는, 우리가 오랜 동안 겪고 있는 문제이지 현대 문제가 아니라는 거죠. 그런 점에서 팍스 몽골리카나, 굳이 중세라는 이름을 달지 않더라도 세계사 전체에 강력하게 영향을 미친 이 시기의 이야기, 그리고 이 시기에 활동했던 주요 캐릭터들의 등장은 그러한 인식을 정확하게 깨뜨려주고 대체해줄 수 있는 새로움이라고 저는 생각해요. 그래서 그것들이 대체되는 즐거움이 또는 발견이, 또는 확장이 『조드』의 또 다른 즐거움이죠. 관우, 장비, 유비, 조조 이런 게 아니라 젤메, 보오르추, 자무카, 수베테이, 제베 등 수많은 캐릭터의 등장이 그런 인식을 바꾸는 계기가 됐으면 좋겠다는 생각을 하고 있어요. 다중심의 네트워크라고 하는 오에 겐자부로의 인식은 그런 점에서 중요한 인식이 아닐까 하는 생각을 해봅니다. 그래서 아까 지적한 대로 『조드』가 12~13세기의 몽골 초원과 팍스 몽골리카나의 체제를 그리는 서사라는 통념화된 시선들은 일종의 편선이에요. 플라톤이나 아리스토텔레스 등의 그리스 고대 철학이 17~18세기 또는 20세기에 이르러서야 서양 철학의 중요한 맥락을 생산해내는 선행 작업으로 재해석되듯이 적어도 우리에게 세계를 구성하는 다양한 시선 또는 실체에 접근하기 위해서는 『조드』가 다루는 시공간을 단지 역사 소설이라는 편견을 벗어놓은 자리에서 읽을 필요가 있다는 생각을 해보죠.

김　창작 동기 중 하나가 그런 코드로 작동됐습니다. 21세기적 분위기가 시작될 때 유럽중심주의를 어떻게 극복할 것인가 하는 문제가 제기되면서 '탈근대'가 대중문화적 현상으로 출현할 때예요. 할리우드판 애니메이션 〈뮬란〉이 나오는데 아무리 막아도 적들이 끝없이 몰려옵니다. 그 장면을 보면서 뮬란의 위대성이 느껴지는 게 아니라 오히려 저렇게 물밀 듯 오는 것, 쉽게 말해서 흐르는 물을 막으려 드는 것처럼 계속 몰려오는 것을 왜 저렇게 목숨 걸고 막을까, 저들은 왜 저렇게 밀려올까, 그 밀려오는 측이 그려지지 않아서 굉장히 불만스럽더라고요.

이 물론 거기에는 폭력이 있죠. 아주 각진 마름모꼴 눈을 가진, 전혀 성격이나 표정이 나타나지 않는 데스마스크를 쓴 것 같은 인물들이 장성을 넘어오는 모습이 그려지지요. 이러한 무성격의 일방적인 캐릭터 설정은 정말 폭력적입니다. 유럽에서 말하는 야만은 사실 캐릭터화된 종교의 밖을 말하는 거예요. 그런데 로마가 국교로 선택한 기독교는 유목민 종교잖아요? 이런 것들의 밖을 말하는 거죠. 즉 계속해서 이동해온 유목민들을 중국에서는 흉노라고 불렀고 우리는 선비족이라고 불렀고 유럽에서는 투르크라고 불렀는데 그들을 야만이라고 한 거죠. 솔직히 저는 세계 관계사를 균형적으로 보지 못하는 데서 오는 문제라고 봅니다. 할리우드에서 만든 〈뮬란〉, 쉽게 말해 할리우드에서 만든 〈뮬란〉은 서양 중심주의가 아니라 동서양이 하나의 콘셉트에 들어온 것 같은 인상을 풍기지만 사실은 모두 허구이지요. 남미 혹은 아프리카 대륙에서 인간적 삶이나 역사들이 혹은 그것이 기록 속의 역사든 기록으로부터 제외되거나 삭제된 역사든 이것이 소설적 디테일로 우리에게 전달된 것은 없었지요. 그런 의미에서 문학이 국경을 넘는다는 것은 무엇일까 하는 생각을 많이 해봐요. 문학이 국경을 넘는 건 단지 소재의 문제인가, 사유의 문제인가.

김   제 생각에 우리 모국어 문학은 일제 강점기에 겨우 거점을 만들고 전쟁과 분단을 겪으며 남한 단독으로 주체를 획득하느라 고생한 것 같아요. 그래서 민족문학 논쟁이 치열하게 전개될 수밖에 없었는데 이게 적어도 김수영 정도의 작가가 출현할 만큼의 모습을 갖추었을 때 반국적半國的이나마 하나의 관심을 획득했다고 봐요. 그것이 5·18을 겪으면서 비로소 일국적一國的 관점을 갖춘 게 아닌가 해요. 제가 모국어 문학의 선두주자들을 고은, 황석영 등으로 생각하는 이유는 그분들이 주체 확보에서 반국적 관점을 넘어 일국적 관점을 또 넘어, 그 후로도 지속적으로 자기 확장을 이루었다고 보기 때문이에요. 비단 1990년대 문학이 묘사 중심에서 서술 중심으로 이동하는 형식적 다양함이 발생하지만 내용적으로는 지극히 자폐적이었어요. 근본적으로는 그게 지구적 관점을 획득하는 쪽으로 옮겨가는 게 우리 문학의 성장 혹은 진행 과정이 아닌가, 그리고 그 속에 참여해서 나름대로 지구적 관점을 얻으려고 노력하는 중이라고 생각합니다.

이   아무튼 이런 시도들이 문학사 안에서 적어도 자기가 태어나서 자라고 관계 맺고 갈등하고 또 번민했던 실존적 경험 또는 역사적 경험을 넘어선 자리에서 또 다른 어떤 공간, 시간 이것을 그와 동일한 무게로 인식하고 그것들을 뚫고 나갈 수 있는 길이 있는가? 국가니 민족이니 하는 체계보다 더 우선하는 세계 그 자체 속에 놓여 있는 인간, 이런 부분에 대해서 사유할 수 있다는 것은 앞으로 우리가 많이 생각해봐야 될 문제 중 하나입니다. 중국 이야기를 다루면 세계적인 문제가 되고 미국이나 유럽의 문제를 다루면 세계적인 이야기가 되고 왜 우리 이야기를 다루면 세계적인 이야기가 되지 않는가를 단순히 일국주의 경험의 협소함, 규모의 문제, 주변성의 문제만으로 다 설명할 수 있을까? 인간에 대한 높이, 깊이 혹은 폭이 문제지, 서사가 문제지, 그 사적 경험의 아이덴티티에만 있는 건 아니라는 생각을 하게 되죠.

김　중요한 지적이라고 봅니다.

이　이 소설을 읽으면서 꼭 이야기해보고 싶었던 캐릭터가 있어요. 테무진의 의형제였다가 경쟁자였다가 좌절해서 역사 속으로 사라진 자무카라는 매혹적인 인물로 집념과 뛰어난 영감, 놀라운 언어 구사 능력을 가진 시인으로 그려지고 있어요. 정복자의 전형성을 지닌 것은 오히려 자무카가 아닌가요? 그 이야기를 하면서 끝내죠.

김　처음에 자무카를 주인공으로 세우려고 생각했어요.

이 　앞서 여성을 모성성만 살리고 섹슈얼리티는 빠트렸다는 염려를 본인 스스로 했는데 칭기스칸을 그릴 때도 똑같은 딜레마를 겪은 것 같아요. 끊임없이 자기에게 밀려오는 상황들을 돌파해야 되고 극복해야 되고 그러면서도 원칙들을 어그러트리지 않아야 되는 데 비해 자무카는 매우 감정적이고 직관적이고 영감이 떠오르면 그대로 행동하는 직관에 충실한 캐릭터로 그려져요. 두 인물이 통합된 인물이라면 어떤 모습일까 이런 생각도 해봅니다. 몽골고원 내부를 놓고 각축했던 자무카의 요소들은 결국은 칭기스칸이 팍스 몽골리카나를 형성하는 데 매우 중요한 역할들을 하고 중요한 영감을 준 인물이라는 생각이 드는군요. 자무카와 칭키스칸의 차이는 이것이 아닐까 싶은데요. 인간에 대한 존중, 자기가 사는 세계를 바꾸어놓으려는 비전, 즉 지향성의 차이가 결국은 승패의 차이를 발생시킨 게 아닐까요?

김 　문학을 하는 사람으로서 제가 지나치게 무능한 것은 아닌지 늘 두려운 부분입니다. 예를 들어 제 작품에는 주인공의 단점이 잘 안 드러나요. 이게 저한테 콤플렉스인데 그림자가 살아야 빛도 살잖아요. 이번에도 자꾸 다짐했지만 효과를 보지 못한 이유가 후속 작업 탓인지 모르겠어요. 저는 미완성이라고 보지 않지만 그래도 어서 2부를 쓰고 싶어요. 사실 1부가 미완성이라는 관점은 이 소설이 칭기스칸의 일대기를 그려야 한다는 영웅 서사적 시각 때문일 수도 있어요. 2부에서는 주요 인물이 다 달라져요. 1부는 자무카의 역사로 시작되고 마지막 문장도 자무카에 관한 것입니다. 그래서 자무카에게 유난히 애착이 가는데 그 실체가 사실은 제 가슴에도 남아 있는 호남 의식 같은 것인지 몰라요. 이를테면 아무리 애정을 담아 말해도 편안하게 받아들여지지 않는 소외자적 경향성, 소외자의 정의가 저한테 존재하는 거예요. 자무카는 그런 인물이에요. 자무카는 저 슬픈 자다란 족의 핏줄을 안고 자기 부족이 가장 혁혁한 공을 세워도 공동체를 경영할 권한을 부여받지 못하는, 검은 뼈라는 부족의 염원을 대변한 사람이에요. 그는 실질적으로 공동체가 배출한 최고의 지도자였고 대업을 눈앞에 두고 모는 힘을 잃었을 때조차도 훌륭한 풍모를 보입니다. 모든 것을 잃고 나서 정세를 움직이는 데 관여할 수 있는 능력을 가진 사람이 있다면 테무진과 자무카 두 사람일 거예요. 자무카는 그런 영향력을 가졌지만 테무진을 아꼈지요. 그와 비교할 때 테무진이 보여준 큰 차이 중 하나가 푸른 하늘의 눈을 가졌다는 거예요. 예를 들어서 최고의 원수를 그 부하가 잡아서 데리고 오다가 풀어준 것조차 칭찬해요. 쉽게 말해서 마찰하는 당사자들이 충돌해서 죽일 수 있지만 그 밑에서 혜택을 본 부하가 죽이는 것은 도리가 아니라는 것이죠. 그것은 푸른 하늘이 볼 때 인간의 길이 아니니까요. 이때 인간이라고 하는 것은 초원 생태계의 맨 꼭짓점에서 다른 생명들을 경영해서 살아야 하는 존재기 때문에 그럴 만한 자격이 필요한 거예요. 그래서 옹칸에게도 그렇게 말해요. 옹칸은 나의 적이어서 벌을 받는 게 아니라 푸른 하늘에게 잘못해서 실패자라는 거예요. 그러니까 작은 이기성을 누가 극복하는가. 저는 그 부분이 결국 초원이 나아갈 방향이라고 생각했어요.

이   그러니까 자무카가 보여주는 격정 또는 뛰어난 직관적 언술, 그리고 자기 욕망이나 감정을 절제하지 못하고 터트려버리는 모습들이 관계 이상의 지향성을 갖지 못했기 때문이라는 거죠? 분노와 배신에 대한 복수와 이런 것들이 전형적으로 유목민의 자유로움과 폭력성을 보여주는데 그런 점에서 세계에 반응하는 놀라운 직관력을 지니고 있지만 세계 자체를 새롭게 만들어가는 자기 전망을 만들지 못했다는 것. 자무카에게는 처연함 같은 것이 늘 따라다니는데 실패함으로써 끊임없이 문학적 코드로 재생되는 매력적인 캐릭터로 자리를 얻고 있는 것 같네요.

김   그래서 후속 작업이 남는 건데 사실 저는 자무카보다 크게 실패한 자가 칭기스칸이라는 생각을 가지고 있어요. 칭기스칸의 삶이 어떻게 실패해가는지, 인간 생명의 유한함이 어떻게 드러나는지. 그래서 자무카가 죽을 때보다 4권에서 칭기스칸이 죽을 때가 훨씬 더 처연한 것 같습니다.

이   어떤 작품인지 정확하게 작품 이름이 기억 나지 않는데 칭기스칸이 끊임없이 외로워하는, 끊임없이 어머니 후엘룬의 게르를 찾아가고 후엘룬이 "더 이상 오지 마라, 너는 칸이다." 이렇게 이야기하는 장면이 기억이 나요. 물론 대제국을 이루고 경영하는 자의 내면에는 고독한 외침들이 있겠죠. 그러나 그 문제들을 다룰 때 잘못하면 전형적인 서구식 영웅 서사를 복사하는 방식이 될 우려도 있죠. 그래서 칭기스칸을 실패라고 한다면 조금 더 다른 국면이 있어야겠죠, 현실적 실패가 아니라.

김   제가 생각하는 처연한 죽음은 그런 외로움이 아닙니다. 제1권에 세계를 늑대의 눈으로 바라보는 장면이 나와요. 생명체란 적당한 위험과 적당한 긴장 속에서 살라고 만들어졌는데 개가 그렇게 살지 않는 걸 늑대가 경멸하는 거예요. 저것들은 강자에게 붙어서 안정을 얻은 대신에 푸른 하늘의 명을 어겼어! 이렇게 생각하는 장면요. 인간도 끝없이 위기를 헤쳐가기 위해 이웃과 협력해서 세계를 구성하는 사회적 존재로 살아야 하는데 그러나 다들 하나의 개체이기 때문에 굳이 이야기하면 인문학이 필요해지는 거예요. 그러니까 왜 푸른 하늘이 보편적일 수밖에 없는 것인지를 느끼게 되는 거죠.

이   큰아들 주치와의 갈등이라든지 팍스 몽골리카나가 확장되는 과정에서 새롭게 만나는 캐릭터들이 참 기다려지고 궁금하네요. 분명한 것은 저는 지금 몽골고원을 통일하는 과정까지 충분하게 완료된 하나의 서사라고 봅니다. 뒤에 이어지는 서사는 작가의 이야기처럼 또 다른 차원의 서사가 될 거라고 기대해요. 특히 마지막에 이야기한 늑대가 인간을 바라보면서 개의 세계와 인간의 세계, 자기와 팽팽한 긴장을 이루었던 인물을 생각하면서 다른 독자들처럼 빨리 다음 작업이 진행이 되면 참 좋겠다는 생각이 듭니다.

김　　기다려주신다니 정말 감사합니다.

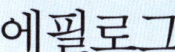

에필로그

내 머리통 속에서

해는 떠오르고 말들은 뛴다
발굽에 밟힌
쓰러진 풀 곁에서 빛나는 뼈들
- 대륙을 누비던 살은 흙이 되고
근육은 바람이 됐다 -

풀들이 쓸려갈 때 그것이 보인다
윤회의 마지막 발자국 같은
뼛조각은 이제 어디로 가는가
풀에도 모래알에도 염소의 뿔에도
말라붙은 소똥에도
매달려 울던 바람이여

내 머리통 속에서
황혼이 내리고 그 속을 가로질러

말을 탄 일가족 다섯이 지나가고
가다가 멀어져 보이지 않을 때까지
벌레들은 풀뿌리 틈새에 잠자리를 펴고
– 말발굽에 차여 이불이 뒤집힌 녀석은
그 밤을 얼마나 목이 쉴꺼나 –

시작도 끝도 없는 시간 속 어디에
너도 나처럼 나도 너처럼
갈 길은 먼데

내 머리통 속에는
양 떼들이 서서 이슬을 맞고
달빛도 낙타의 등을 넘는다
숱한 별을 가진 하늘도
천막집 지붕과 지붕을 돌고

아득도 해라
서울 명동 지하도 꽃 상가 앞 벤치에 앉아
컵라면을 먹는 머리통 속으로
가다가 길 잃은 숱한 생각들
가다가 가다가 가다가 놓친

사람들, 짐승들, 바람들

시작도 끝도 없는 시간 속 어디에
너도 나처럼 나도 너처럼
갈 길은 먼데

매번 막막한 지평선에 갇혀
저녀리 지평선은 끝도 읎네,
퍼뜩 정수리에 번개가 치듯
아하, 모든 것이 바뀌고 있었구나!
우리는 이렇게 지상을 지나며
매순간 우주의 각도를 바꾸고 있다
그것은 무슨 가치가 있는가

그래도 내 머리통 속으로
그 밤 무서웠던 늑대가
별빛에 발 시린 초원을 가로질러
너처럼 나처럼
혼자서 간다

바람이 지우고 남은 것들
— 몽골에서 보낸 어제

ⓒ 김형수, 2013

초판 1쇄 인쇄 2013년 8월 20일
초판 1쇄 발행 2013년 9월 2일

지은이   김형수
사진   서유리
펴낸이   강병철
주간   정은영
책임 편집   이한아
편집   김유정
디자인   배현정 이영민
마케팅   박제연 전연교

펴낸곳   자음과모음
출판등록   1997년 10월 30일 제313-1997-129호
주소   121-840 서울 마포구 서교동 396-33번지
전화   편집부 02) 324-2347 경영지원부 02) 325-6047
팩스   편집부 02) 324-2348 경영지원부 02) 2648-1311
이메일   inmun@jamobook.com
홈페이지   www.jamo21.net
커뮤니티   cafe.naver.com/cafejamo

ISBN 978-89-5707-772-6 (13980)

잘못된 책은 구입하신 곳에서 교환해드립니다.
저자와 협의해 인지를 붙이지 않습니다.